PREFACIO

La colección de guías de conversación para viajar "Todo irá bien" publicada por T&P Books está diseñada para personas que viajan al extranjero para turismo y negocios. Las guías contienen lo más importante - los elementos esenciales para una comunicación básica.Éste es un conjunto de frases imprescindibles para "sobrevivir" mientras está en el extranjero.

Esta guía de conversación le ayudará en la mayoría de los casos donde usted necesite pedir algo, conseguir direcciones, saber cuánto cuesta algo, etc. Puede también resolver situaciones difíciles de la comunicación donde los gestos no pueden ayudar.

Este libro contiene una gran cantidad de frases que han sido agrupadas según los temas más relevantes. Esta edición también incluye un pequeño vocabulario que contiene alrededor de 3.000 de las palabras más frecuentemente usadas.Otra sección de la guía proporciona un glosario gastronómico que le puede ayudar a pedir los alimentos en un restaurante o a comprar comestibles en la tienda.

Llévese la guía de conversación "Todo irá bien" en el camino y tendrá una insustituible compañera de viaje que le ayudará a salir de cualquier situación y le enseñará a no temer hablar con extranjeros.

TABLA DE CONTENIDOS

Pronunciación	5
Lista de abreviaturas	6
Guía de conversación Español-Japonés	7
Vocabulario temático	73
Glosario gastronómico	195

T&P Books Publishing

GUÍA DE CONVERSACIÓN
— JAPONÉS —

Andrey Taranov

LAS PALABRAS Y LAS FRASES MÁS ÚTILES

Esta Guía de Conversación contiene las frases y las preguntas más comunes necesitadas para una comunicación básica con extranjeros

T&P BOOKS

Guía de conversación + diccionario de 3000 palabras

Guía de conversación Español-Japonés y vocabulario temático de 3000 palabras

por Andrey Taranov

La colección de guías de conversación para viajar "Todo irá bien" publicada por T&P Books está diseñada para personas que viajan al extranjero para turismo y negocios. Las guías contienen lo más importante - los elementos esenciales para una comunicación básica. Éste es un conjunto de frases imprescindibles para "sobrevivir" mientras está en el extranjero.

Este libro también incluye un pequeño vocabulario temático que contiene alrededor de 3.000 de las palabras más frecuentemente usadas. Otra sección de la guía proporciona un glosario gastronómico que le puede ayudar a pedir los alimentos en un restaurante o a comprar comestibles en la tienda.

T&P Books Publishing
www.tpbooks.com

ISBN: 978-1-78492-655-7

Este libro está disponible en formato electrónico o de E-Book también.
Visite www.tpbooks.com o las librerías electrónicas más destacadas en la Red.

PRONUNCIACIÓN

T&P alfabeto fonético	Hiragana	Katakana	Romaji	Ejemplo japonés	Ejemplo español

Las consonantes

T&P	Hiragana	Katakana	Romaji	Ejemplo japonés	Ejemplo español
[a]	あ	ア	a	あなた	radio
[i], [iː]	い	イ	i	いす	tranquilo
[u], [uː]	う	ウ	u	うた	justo
[e]	え	エ	e	いいえ	verano
[ɔ]	お	オ	o	しお	costa
[jɑ]	や	ヤ	ya	やすみ	ensayar
[ju]	ゆ	ユ	yu	ふゆ	ciudad
[jɔ]	よ	ヨ	yo	ようす	yogur

Sílabas

T&P	Hiragana	Katakana	Romaji	Ejemplo japonés	Ejemplo español
[b]	ば	バ	b	ばん	en barco
[tʃ]	ち	チ	ch	ちち	porche
[d]	だ	ダ	d	からだ	desierto
[f]	ふ	フ	f	ひふ	golf
[g]	が	ガ	g	がっこう	jugada
[h]	は	ハ	h	はは	registro
[dʒ]	じ	ジ	j	じしょ	jazz
[k]	か	カ	k	かぎ	charco
[m]	む	ム	m	さむらい	nombre
[n]	に	ニ	n	にもつ	número
[p]	ぱ	パ	p	パン	precio
[r]	ら	ラ	r	いくら	era, alfombra
[s]	さ	サ	s	あさ	salva
[ɕ]	し	シ	sh	わたし	China
[t]	た	タ	t	ふた	torre
[ts]	つ	ツ	ts	いくつ	tsunami
[w]	わ	ワ	w	わた	acuerdo
[dz]	ざ	ザ	z	ざっし	inglés kids

LISTA DE ABREVIATURAS

Abreviatura en español

adj	-	adjetivo
adv	-	adverbio
anim.	-	animado
conj	-	conjunción
etc.	-	etcétera
f	-	sustantivo femenino
f pl	-	femenino plural
fam.	-	uso familiar
fem.	-	femenino
form.	-	uso formal
inanim.	-	inanimado
innum.	-	innumerable
m	-	sustantivo masculino
m pl	-	masculino plural
m, f	-	masculino, femenino
masc.	-	masculino
mat	-	matemáticas
mil.	-	militar
num.	-	numerable
p.ej.	-	por ejemplo
pl	-	plural
pron	-	pronombre
sg	-	singular
v aux	-	verbo auxiliar
vi	-	verbo intransitivo
vi, vt	-	verbo intransitivo, verbo transitivo
vr	-	verbo reflexivo
vt	-	verbo transitivo

T&P BOOKS

GUÍA DE CONVERSACIÓN JAPONÉS

Esta sección contiene frases importantes que pueden resultar útiles en varias situaciones de la vida real. La Guía le ayudará a pedir direcciones, aclaración sobre precio, comprar billetes, y pedir alimentos en un restaurante

T&P Books Publishing

CONTENIDO DE LA GUÍA DE CONVERSACIÓN

Lo más imprescindible 10
Preguntas 13
Necesidades 14
Preguntar por direcciones 16
Carteles 18
Transporte. Frases generales 20
Comprar billetes 22
Autobús 24
Tren 26
En el tren. Diálogo (Sin billete) 28
Taxi 29
Hotel 31
Restaurante 34
De Compras 36
En la ciudad 38
Dinero 40

Tiempo	42
Saludos. Presentaciones.	44
Despedidas	46
Idioma extranjero	48
Disculpas	49
Acuerdos	50
Rechazo. Expresar duda	51
Expresar gratitud	53
Felicitaciones , Mejores Deseos	55
Socializarse	56
Compartir impresiones. Emociones	59
Problemas, Accidentes	61
Problemas de salud	64
En la farmacia	67
Lo más imprescindible	69

T&P Books Publishing

Lo más imprescindible

Perdone, …	すみません、… sumimasen, …
Hola.	こんにちは。 konnichiwa
Gracias.	ありがとうございます。 arigatō gozai masu

Sí.	はい。 hai
No.	いいえ。 īe
No lo sé.	わかりません。 wakari masen
¿Dónde? | ¿A dónde? | ¿Cuándo?	どこ？ | どこへ？ | いつ？ doko ? | doko e ? | i tsu ?

Necesito …	…が必要です … ga hitsuyō desu
Quiero …	したいです shi tai desu
¿Tiene …?	…をお持ちですか？ … wo o mochi desu ka ?
¿Hay … por aquí?	ここには…がありますか？ koko ni wa … ga ari masu ka ?
¿Puedo …?	…してもいいですか？ … shi te mo ī desu ka ?
…, por favor? (petición educada)	お願いします。 onegai shi masu

Busco …	…を探しています … wo sagashi te i masu
el servicio	トイレ toire
un cajero automático	ATM ēfīemu
una farmacia	薬局 yakkyoku
el hospital	病院 byōin

la comisaría	警察 keisatsu
el metro	地下鉄 chikatetsu

un taxi	タクシー takushī
la estación de tren	駅 eki

Me llamo …	私は…と申します watashi wa … to mōshi masu
¿Cómo se llama?	お名前は何ですか？ o namae wa nan desu ka ?
¿Puede ayudarme, por favor?	助けていただけますか？ tasuke te itadake masu ka ?
Tengo un problema.	困ったことがあります。 komatta koto ga arimasu
Me encuentro mal.	気分が悪いのです。 kibun ga warui nodesu
¡Llame a una ambulancia!	救急車を呼んで下さい！ kyūkyū sha wo yon de kudasai !
¿Puedo llamar, por favor?	電話をしてもいいですか？ denwa wo shi te mo ī desu ka ?

Lo siento.	ごめんなさい。 gomennasai
De nada.	どういたしまして。 dōitashimashite

Yo	私 watashi
tú	君 kimi
él	彼 kare
ella	彼女 kanojo
ellos	彼ら karera
ellas	彼女たち kanojotachi
nosotros /nosotras/	私たち watashi tachi
ustedes, vosotros	君たち kimi tachi
usted	あなた anata

ENTRADA	入り口 iriguchi
SALIDA	出口 deguchi
FUERA DE SERVICIO	故障中 koshō chū
CERRADO	休業中 kyūgyō chū

ABIERTO

営業中
eigyō chū

PARA SEÑORAS

女性用
josei yō

PARA CABALLEROS

男性用
dansei yō

Preguntas

¿Dónde?   どこ？
doko ?

¿A dónde?   どこへ？
doko e ?

¿De dónde?   どこから？
doko kara ?

¿Por qué?   どうしてですか？
dōshite desu ka ?

¿Con que razón?   なんのためですか？
nan no tame desu ka ?

¿Cuándo?   いつですか？
i tsu desu ka ?

¿Cuánto tiempo?   どのぐらいですか？
dono gurai desu ka ?

¿A qué hora?   何時にですか？
nan ji ni desu ka ?

¿Cuánto?   いくらですか？
ikura desu ka ?

¿Tiene ...?   …をお持ちですか？
… wo o mochi desu ka ?

¿Dónde está ...?   …はどこですか？
… wa doko desu ka ?

¿Qué hora es?   何時ですか？
nan ji desu ka ?

¿Puedo llamar, por favor?   電話をしてもいいですか？
denwa wo shi te mo ī desu ka ?

¿Quién es?   誰ですか？
dare desu ka ?

¿Se puede fumar aquí?   ここでタバコを吸ってもいいですか？
koko de tabako wo sutte mo ī desu ka ?

¿Puedo ...?   …してもいいですか？
… shi te mo ī desu ka ?

Necesidades

Quisiera … … をしたいのですが
… wo shi tai no desu ga

No quiero … … したくないです
… shi taku nai desu

Tengo sed. 喉が渇きました。
nodo ga kawaki mashi ta

Tengo sueño. 眠りたいです。
nemuri tai desu

Quiero … したいです
shi tai desu

lavarme 洗いたい
arai tai

cepillarme los dientes 歯を磨きたい
ha wo migaki tai

descansar un momento しばらく休みたい
shibaraku yasumi tai

cambiarme de ropa 着替えたい
kigae tai

volver al hotel ホテルに戻る
hoteru ni modoru

comprar … … を買う
… wo kau

ir a … … へ行く
… e iku

visitar … … を訪問する
… wo hōmon suru

quedar con … … と会う
… to au

hacer una llamada 電話をする
denwa wo suru

Estoy cansado /cansada/. 疲れています。
tsukare te i masu

Estamos cansados /cansadas/. 私たちは疲れました。
watashi tachi wa tsukare mashita

Tengo frío. 寒いです。
samui desu

Tengo calor. 暑いです。
atsui desu

Estoy bien. 大丈夫です。
daijōbu desu

Tengo que hacer una llamada.	電話をしなければなりません。 denwa wo shi nakere ba nari masen
Necesito ir al servicio.	トイレへ行きたいです。 toire e iki tai desu
Me tengo que ir.	行かなければいけません。 ika nakere ba ike masen
Me tengo que ir ahora.	今すぐ行かなければいけません。 ima sugu ika nakere ba ike masen

Preguntar por direcciones

Perdone, ...	すみません、… sumimasen, ...
¿Dónde está ...?	…はどこですか？ ... wa doko desu ka ?
¿Por dónde está ...?	…はどちらですか？ ...wa dochira desu ka ?
¿Puede ayudarme, por favor?	助けていただけますか？ tasuke te itadake masu ka ?
Busco ...	…を探しています ... wo sagashi te i masu
Busco la salida.	出口を探しています。 deguchi wo sagashi te i masu
Voy a ...	…へ行く予定です ... e iku yotei desu
¿Voy bien por aquí para ...?	…へはこの道で合っていますか？ ...e wa kono michi de atte i masu ka ?
¿Está lejos?	遠いですか？ tōi desu ka ?
¿Puedo llegar a pie?	そこまで歩いて行けますか？ soko made arui te ike masu ka ?
¿Puede mostrarme en el mapa?	地図で教えて頂けますか？ chizu de oshie te itadake masu ka ?
Por favor muestreme dónde estamos.	今どこにいるかを教えて下さい。 ima doko ni iru ka wo oshie te kudasai
Aquí	ここです koko desu
Allí	あちらです achira desu
Por aquí	こちらです kochira desu
Gire a la derecha.	右に曲がって下さい。 migi ni magatte kudasai
Gire a la izquierda.	左に曲がって下さい。 hidari ni magatte kudasai
la primera (segunda, tercera) calle	1つ目（2つ目、3つ目） の曲がり角 hitotsume (futatsume, mittsume) no magarikado
a la derecha	右に migi ni

a la izquierda

左に
hidari ni

Siga recto.

まっすぐ歩いて下さい。
massugu arui te kudasai

Carteles

¡BIENVENIDO!	いらっしゃいませ！ irasshai mase !
ENTRADA	入り口 iriguchi
SALIDA	出口 deguchi
EMPUJAR	押す osu
TIRAR	引く hiku
ABIERTO	営業中 eigyō chū
CERRADO	休業中 kyūgyō chū
PARA SEÑORAS	女性用 josei yō
PARA CABALLEROS	男性用 dansei yō
CABALLEROS	男性用 dansei yō
SEÑORAS	女性用 josei yō
REBAJAS	営業 eigyō
VENTA	セール sēru
GRATIS	無料 muryō
¡NUEVO!	新商品！ shin shōhin !
ATENCIÓN	目玉品！ medama hin !
COMPLETO	満員 man in
RESERVADO	ご予約済み go yoyaku zumi
ADMINISTRACIÓN	管理 kanri
SÓLO PERSONAL AUTORIZADO	社員専用 shain senyō

CUIDADO CON EL PERRO	猛犬注意 mōken chūi
NO FUMAR	禁煙！ kin en !
NO TOCAR	触るな危険！ sawaru na kiken !

PELIGROSO	危ない abunai
PELIGRO	危険 kiken
ALTA TENSIÓN	高電圧 kō denatsu
PROHIBIDO BAÑARSE	水泳禁止！ suiei kinshi !

FUERA DE SERVICIO	故障中 koshō chū
INFLAMABLE	火気注意 kaki chūi
PROHIBIDO	禁止 kinshi
PROHIBIDO EL PASO	通り抜け禁止！ tōrinuke kinshi !
RECIÉN PINTADO	ペンキ塗り立て penki nuritate

CERRADO POR RENOVACIÓN	改装閉鎖中 kaisō heisa chū
EN OBRAS	この先工事中 kono saki kōji chū
DESVÍO	迂回 ukai

Transporte. Frases generales

el avión	飛行機 hikōki
el tren	電車 densha
el bus	バス basu
el ferry	フェリー ferī
el taxi	タクシー takushī
el coche	車 kuruma
el horario	時刻表 jikoku hyō
¿Dónde puedo ver el horario?	どこで時刻表を見られますか？ doko de jikoku hyō wo mirare masu ka ?
días laborables	平日 heijitsu
fines de semana	週末 shūmatsu
días festivos	祝日 kokumin no syukujitsu
SALIDA	出発 shuppatsu
LLEGADA	到着 tōchaku
RETRASADO	遅延 chien
CANCELADO	欠航 kekkō
siguiente (tren, etc.)	次の tsugi no
primero	最初の saisho no
último	最後の saigono
¿Cuándo pasa el siguiente ...?	次の…はいつですか？ tsugi no ... wa i tsu desu ka ?
¿Cuándo pasa el primer ...?	最初の…はいつですか？ saisho no ... wa i tsu desu ka ?

¿Cuándo pasa el último …?

最後の…はいつですか？
saigo no … wa i tsu desu ka ?

el trasbordo (cambio de trenes, etc.)

乗り継ぎ
noritsugi

hacer un trasbordo

乗り継ぎをする
noritsugi wo suru

¿Tengo que hacer un trasbordo?

乗り継ぎをする必要がありますか？
noritsugi o suru hitsuyō ga ari masu ka ?

Comprar billetes

¿Dónde puedo comprar un billete?	どこで乗車券を買えますか？ doko de jōsha ken wo kae masu ka ?
el billete	乗車券 jōsha ken
comprar un billete	乗車券を買う jōsha ken wo kau
precio del billete	乗車券の値段 jōsha ken no nedan
¿Para dónde?	どこへ？ doko e ?
¿A qué estación?	どこの駅へ？ doko no eki e ?
Necesito …	…が必要です … ga hitsuyō desu
un billete	券 1枚 ken ichi mai
dos billetes	2枚 ni mai
tres billetes	3枚 san mai
sólo ida	片道 katamichi
ida y vuelta	往復 ōfuku
en primera (primera clase)	ファーストクラス fāsuto kurasu
en segunda (segunda clase)	エコノミークラス ekonomī kurasu
hoy	今日 kyō
mañana	明日 ashita
pasado mañana	あさって asatte
por la mañana	朝に asa ni
por la tarde	昼に hiru ni
por la noche	晩に ban ni

asiento de pasillo

通路側の席
tsūro gawa no seki

asiento de ventanilla

窓側の席
madogawa no seki

¿Cuánto cuesta?

いくらですか？
ikura desu ka ?

¿Puedo pagar con tarjeta?

カードで支払いができますか？
kādo de shiharai ga deki masu ka ?

Autobús

el autobús	バス basu
el autobús interurbano	高速バス kōsoku basu
la parada de autobús	バス停 basutei
¿Dónde está la parada de autobuses más cercana?	最寄りのバス停はどこですか？ moyori no basutei wa doko desu ka？
número	数 kazu
¿Qué autobús tengo que tomar para ...?	…に行くにはどのバスに乗れば いいですか？ …ni iku niwa dono basu ni nore ba ī desu ka …？
¿Este autobús va a ...?	このバスは…まで行きますか？ kono basu wa … made iki masu ka？
¿Cada cuanto pasa el autobús?	バスはどのくらいの頻度で 来ますか？ basu wa dono kurai no hindo de ki masu ka？
cada 15 minutos	１５分おき jyū go fun oki
cada media hora	３０分おき sanjuppun oki
cada hora	１時間に１回 ichi jikan ni ittu kai
varias veces al día	１日に数回 ichi nichi ni sū kai
… veces al día	１日に…回 ichi nichi ni … kai
el horario	時刻表 jikoku hyō
¿Dónde puedo ver el horario?	どこで時刻表を見られますか？ doko de jikoku hyō wo mirare masu ka？
¿Cuándo pasa el siguiente autobús?	次のバスは何時ですか？ tsugi no basu wa nan ji desu ka？
¿Cuándo pasa el primer autobús?	最初のバスは何時ですか？ saisho no basu wa nan ji desu ka？
¿Cuándo pasa el último autobús?	最後のバスは何時ですか？ saigo no basu wa nan ji desu ka？

la parada
バス停、停留所
basutei, teiryūjo

la siguiente parada
次のバス停、次の停留所
tsugi no basutei, tsugi no teiryūjo

la última parada
最終停留所
saishū teiryūjo

Pare aquí, por favor.
ここで止めてください。
koko de tome te kudasai

Perdone, esta es mi parada.
すみません、ここで降ります。
sumimasen, koko de ori masu

Tren

el tren	電車 densha
el tren de cercanías	郊外電車 kōgai densha
el tren de larga distancia	長距離列車 chōkyori ressha
la estación de tren	電車の駅 densha no eki
Perdone, ¿dónde está la salida al anden?	すみません、ホームへはど う行けばいいですか？ sumimasen, hōmu e wa dō ike ba ī desu ka?

¿Este tren va a …?	この電車は…まで行きますか？ kono densha wa … made iki masu ka ?
el siguiente tren	次の駅 tsugi no eki
¿Cuándo pasa el siguiente tren?	次の電車は何時ですか？ tsugi no densha wa nan ji desu ka ?
¿Dónde puedo ver el horario?	どこで時刻表を見られますか？ doko de jikoku hyō wo mirare masu ka ?
¿De qué andén?	どのホームからですか？ dono hōmu kara desu ka ?
¿Cuándo llega el tren a …?	電車はいつ到着しますか…？ densha wa i tsu tōchaku shi masu ka …?

Ayudeme, por favor.	助けて下さい。 tasuke te kudasai
Busco mi asiento.	私の座席を探しています。 watashi no zaseki wo sagashi te i masu
Buscamos nuestros asientos.	私たちの座席を探し ています。 watashi tachi no zaseki wo sagashi te i masu
Mi asiento está ocupado.	私の席に他の人が 座っています。 watashi no seki ni hoka no hito ga suwatte i masu
Nuestros asientos están ocupados.	私たちの席に他の人が 座っています。 watashi tachi no seki ni hoka no hito ga suwatte i masu.

Perdone, pero ese es mi asiento.

すみませんが、こちらは私
の席です。
sumimasen ga, kochira wa watashi
no seki desu

¿Está libre?

この席はふさがっていますか？
kono seki wa husagatte i masu ka ?

¿Puedo sentarme aquí?

ここに座ってもいいですか？
koko ni suwatte mo ī desu ka ?

En el tren. Diálogo (Sin billete)

Su billete, por favor.	乗車券を見せて下さい。 jōsha ken wo mise te kudasai
No tengo billete.	乗車券を持っていません。 jōsha ken wo motte i masen
He perdido mi billete.	乗車券を失くしました。 jōsha ken wo nakushi mashi ta
He olvidado mi billete en casa.	乗車券を家に忘れました。 jōsha ken wo ie ni wasure mashi ta
Le puedo vender un billete.	私からも乗車券を購入できます。 watashi kara mo jōsha ken wo kōnyū deki masu
También deberá pagar una multa.	それから罰金を払わなければいけません。 sorekara bakkin wo harawa nakere ba ike masen
Vale.	わかりました。 wakari mashi ta
¿A dónde va usted?	行き先はどこですか？ yukisaki wa doko desu ka ?
Voy a …	…に行きます。 … ni iki masu
¿Cuánto es? No lo entiendo.	いくらですか？ わかりません。 ikura desu ka ? wakari masen
Escríbalo, por favor.	書いてください。 kai te kudasai
Vale. ¿Puedo pagar con tarjeta?	わかりました。クレジットカードで支払いできますか？ wakari mashi ta. kurejittokādo de shiharaideki masu ka?
Sí, puede.	はい。 hai
Aquí está su recibo.	レシートです。 reshīto desu
Disculpe por la multa.	罰金をいただいてすみません。 bakkin wo itadaite sumimasen
No pasa nada. Fue culpa mía.	大丈夫です。私のせいですから。 daijōbu desu. watashi no sei desu kara
Disfrute su viaje.	良い旅を。 yoi tabi wo

Taxi

taxi	タクシー takushī
taxista	タクシー運転手 takushī unten shu
coger un taxi	タクシーをひろう takushī wo hirō
parada de taxis	タクシー乗り場 takushī noriba
¿Dónde puedo coger un taxi?	どこでタクシーをひろえますか？ doko de takushī wo hiroe masu ka ?
llamar a un taxi	タクシーを呼ぶ takushī wo yobu
Necesito un taxi.	タクシーが必要です。 takushī ga hitsuyō desu
Ahora mismo.	今すぐ。 ima sugu
¿Cuál es su dirección?	住所はどこですか？ jūsho wa doko desu ka ?
Mi dirección es …	私の住所は…です watashi no jūsho wa … desu
¿Cuál es el destino?	どちらへ行かれますか？ dochira e ikare masu ka ?
Perdone, …	すみません、… sumimasen, …
¿Está libre?	乗ってもいいですか？ nottemo ī desu ka ?
¿Cuánto cuesta ir a …?	…までいくらですか？ … made ikura desu ka ?
¿Sabe usted dónde está?	どこにあるかご存知ですか？ doko ni aru ka gozonji desu ka ?
Al aeropuerto, por favor.	空港へお願いします。 kūkō e onegai shi masu
Pare aquí, por favor.	ここで止めてください。 koko de tome te kudasai
No es aquí.	ここではありません。 koko de wa ari masen
La dirección no es correcta.	その住所は間違っています。 sono jūsho wa machigatte i masu
Gire a la izquierda.	左へ曲がって下さい hidari e magatte kudasai

Gire a la derecha.　　　　　右へ曲がって下さい
　　　　　　　　　　　　　　migi e magatte kudasai

¿Cuánto le debo?　　　　　　いくらですか？
　　　　　　　　　　　　　　ikura desu ka？

¿Me da un recibo, por favor?　領収書を下さい。
　　　　　　　　　　　　　　ryōshū sho wo kudasai

Quédese con el cambio.　　　おつりはいりません。
　　　　　　　　　　　　　　o tsuri hairi masen

Espéreme, por favor.　　　　待っていて頂けますか？
　　　　　　　　　　　　　　matte i te itadake masu ka?

cinco minutos　　　　　　　　5分
　　　　　　　　　　　　　　go fun

diez minutos　　　　　　　　１０分
　　　　　　　　　　　　　　juppun

quince minutos　　　　　　　１５分
　　　　　　　　　　　　　　jyū go fun

veinte minutos　　　　　　　２０分
　　　　　　　　　　　　　　nijuppun

media hora　　　　　　　　　３０分
　　　　　　　　　　　　　　sanjuppun

Hotel

Hola.	こんにちは。 konnichiwa
Me llamo …	私の名前は…です watashi no namae wa … desu
Tengo una reserva.	予約をしました。 yoyaku wo shi mashi ta
Necesito …	私は…が必要です watashi wa … ga hitsuyō desu
una habitación individual	シングルルーム shinguru rūmu
una habitación doble	ツインルーム tsuin rūmu
¿Cuánto cuesta?	いくらですか？ ikura desu ka ?
Es un poco caro.	それは少し高いです。 sore wa sukoshi takai desu
¿Tiene alguna más?	他にも選択肢はありますか？ hoka ni mo sentakushi wa ari masu ka ?
Me quedo.	それにします。 sore ni shi masu
Pagaré en efectivo.	現金で払います。 genkin de harai masu
Tengo un problema.	困ったことがあります。 komatta koto ga arimasu
Mi … no funciona.	私の…が壊れています。 watashi no … ga koware te i masu
Mi … está fuera de servicio.	私の…が故障しています。 watashi no … ga koshō shi te i masu
televisión	テレビ terebi
aire acondicionado	エアコン eakon
grifo	蛇口 jaguchi
ducha	シャワー shawā
lavabo	流し台 nagashi dai
caja fuerte	金庫 kinko

cerradura	錠 jō
enchufe	電気のコンセント dengen no konsento
secador de pelo	ドライヤー doraiyā

No tengo …	…がありません … ga ari masen
agua	水 mizu
luz	明かり akari
electricidad	電気 denki

¿Me puede dar …?	…を頂けませんか？ … wo itadake masenka ?
una toalla	タオル taoru
una sábana	毛布 mōfu
unas chanclas	スリッパ surippa
un albornoz	バスローブ basurōbu
un champú	シャンプーを何本か shanpū wo nannbon ka
jabón	石鹸をいくつか sekken wo ikutsu ka

Quisiera cambiar de habitación.	部屋を変えたいのですが。 heya wo kae tai no desu ga
No puedo encontrar mi llave.	鍵が見つかりません。 kagi ga mitsukarimasenn
Por favor abra mi habitación.	部屋を開けて頂けますか？ heya wo ake te itadake masu ka ?
¿Quién es?	誰ですか？ dare desu ka ?
¡Entre!	どうぞお入り下さい dōzo o hairikudasai
¡Un momento!	少々お待ち下さい！ shōshō omachi kudasai !
Ahora no, por favor.	後にしてもらえますか。 ato ni shi te morae masu ka

Venga a mi habitación, por favor.	私の部屋に来て下さい。 watashi no heya ni ki te kudasai
Quisiera hacer un pedido.	食事サービスをお願いしたい のですが。 shokuji sābisu wo onegai shi tai no desu ga

Mi número de habitación es …	私の部屋の番号は… watashi no heya no bangō wa …
Me voy …	チェックアウトします… tyekkuauto shi masu …
Nos vamos …	私たちはチェックアウトします… watashi tachi wa tyekkuauto shi masu …
Ahora mismo	今すぐ ima sugu
esta tarde	今日の午後 kyō no gogo
esta noche	今晩 konban
mañana	明日 ashita
mañana por la mañana	明日の朝 ashita no asa
mañana por la noche	明日の夕方 ashita no yūgata
pasado mañana	あさって asatte

Quisiera pagar la cuenta.	支払いをしたいのですが。 shiharai wo shi tai no desu ga
Todo ha estado estupendo.	何もかもがよかったです。 nanimokamo ga yokatta desu
¿Dónde puedo coger un taxi?	どこでタクシーをひろえますか？ doko de takushī wo hiroe masu ka ?
¿Puede llamarme un taxi, por favor?	タクシーを呼んでいただけますか？ takushī wo yon de itadake masu ka ?

Restaurante

¿Puedo ver el menú, por favor?	メニューを頂けますか？ menyū wo itadake masu ka ?
Mesa para uno.	一人用の席をお願いします。 hitori yō no seki wo onegai shimasu
Somos dos (tres, cuatro).	2人（3人、4人）です。 futari (san nin, yon nin) desu

Para fumadores	喫煙 kitsuen
Para no fumadores	禁煙 kinen
¡Por favor! (llamar al camarero)	すみません！ sumimasen !
la carta	メニュー menyū
la carta de vinos	ワインリスト wain risuto
La carta, por favor.	メニューを下さい。 menyū wo kudasai

¿Está listo para pedir?	ご注文をお伺いしても よろしいですか？ go chūmon wo o ukagai shi te mo yoroshī desu ka?
¿Qué quieren pedir?	ご注文は何にしますか？ go chūmon wa nani ni shi masu ka ?
Yo quiero ...	…を下さい。 … wo kudasai

Soy vegetariano.	私はベジタリアンです。 watashi wa bejitarian desu
carne	肉 niku
pescado	魚 sakana
verduras	野菜 yasai

¿Tiene platos para vegetarianos?	ベジタリアン向けの料理はありますか？ bejitarian muke no ryōri wa ari masu ka?
No como cerdo.	私は豚肉を食べません。 watashi wa butaniku o tabe masen

Él /Ella/ no come carne.

彼 /彼女/ は肉を食べません。
kare /kanojo/ wa niku o tabe masen

Soy alérgico a ...

私は…にアレルギーがあります
watashi wa ... ni arerugī ga ari masu

¿Me puede traer ..., por favor?

…を持ってきてもらえますか
... wo motte ki te morae masu ka

sal | pimienta | azúcar

塩 ｜ 胡椒 ｜ 砂糖
shio | koshō | satō

café | té | postre

コーヒー ｜ お茶 ｜ デザート
kōhī | ocha | dezāto

agua | con gas | sin gas

水 ｜ スパークリングウォーター ｜ 真水
mizu | supāku ringu wōtā | mamizu

una cuchara | un tenedor | un cuchillo

スプーン ｜ フォーク ｜ ナイフ
supūn | fōku | naifu

un plato | una servilleta

プレート ｜ ナプキン
purēto | napukin

¡Buen provecho!

どうぞお召し上がりください
dōzo omeshiagari kudasai

Uno más, por favor.

もう一つお願いします。
mō hitotsu onegai shi masu

Estaba delicioso.

とても美味しかったです。
totemo oishikatta desu

---

la cuenta | el cambio | la propina

勘定 ｜ おつり ｜ チップ
kanjō | o tsuri | chippu

La cuenta, por favor.

お勘定をお願いします。
o kanjō wo onegai shi masu

¿Puedo pagar con tarjeta?

カードで支払いができますか？
kādo de shiharai ga deki masu ka ?

Perdone, aquí hay un error.

すみません、間違いがあります。
sumimasen, machigai ga ari masu

De Compras

¿Puedo ayudarle?
いらっしゃいませ。
irasshai mase

¿Tiene ...?
…をお持ちですか？
… wo o mochi desu ka ?

Busco ...
…を探しています
… wo sagashi te i masu

Necesito ...
…が必要です
… ga hitsuyō desu

Sólo estoy mirando.
ただ見ているだけです。
tada mi te iru dake desu

Sólo estamos mirando.
私たちはただ見ているだけです。
watashi tachi wa tada mi te iru dake desu

Volveré más tarde.
また後で来ます。
mata atode ki masu

Volveremos más tarde.
また後で来ます。
mata atode ki masu

descuentos | oferta
値引き ｜ セール
nebiki | sēru

Por favor, enséñeme ...
…を見せていただけますか
… wo mise te itadake masu ka

¿Me puede dar ..., por favor?
…をいただけますか
… wo itadake masu ka

¿Puedo probármelo?
試着できますか？
shichaku deki masu ka ?

Perdone, ¿dónde están los probadores?
すみません、試着室は
どこですか？
sumimasen, shichaku shitsu wa doko desu ka?

¿Qué color le gustaría?
どの色がお好みですか？
dono iro ga o konomi desu ka ?

la talla | el largo
サイズ ｜ 長さ
saizu | naga sa

¿Cómo le queda? (¿Está bien?)
サイズは合いましたか？
saizu wa ai mashi ta ka ?

¿Cuánto cuesta esto?
これはいくらですか？
kore wa ikura desu ka ?

Es muy caro.
高すぎます。
takasugi masu

Me lo llevo.
これにします。
kore ni shi masu

Perdone, ¿dónde está la caja?

すみません、どこで支払いますか？
sumimasen, doko de shiharai masu ka ?

¿Pagará en efectivo o con tarjeta?

現金とクレジットカードのどちら
でお支払いされますか？
genkin to kurejittokādo no dochira
de o shiharai sare masu ka?

en efectivo | con tarjeta

現金 | クレジットカード
genkin | kurejittokādo

¿Quiere el recibo?

レシートはお入り用ですか？
reshīto ha oiriyō desu ka ?

Sí, por favor.

お願いします。
onegai shi masu

No, gracias.

いえ、結構です。
ie, kekkō desu

Gracias. ¡Que tenga un buen día!

ありがとうございます。良い一日を！
arigatō gozai masu. yoi ichi nichi wo !

En la ciudad

Perdone, por favor. | すみません、…
sumimasen, …

Busco … | …を探しています
watashi wa … wo sagashi te i masu

el metro | 地下鉄
chikatetsu

mi hotel | ホテル
hoteru

el cine | 映画館
eiga kan

una parada de taxis | タクシー乗り場
takushī noriba

---

un cajero automático | ATM
ētīemu

una oficina de cambio | 両替所
ryōgae sho

un cibercafé | インターネットカフェ
intānetto kafe

la calle … | …通り
… tōri

este lugar | この場所
kono basho

¿Sabe usted dónde está …? | …がどこにあるかご存知ですか？
… ga doko ni aru ka gozonji desu ka ?

¿Cómo se llama esta calle? | この通りの名前は何ですか？
kono michi no namae wa nani desu ka ?

Muestreme dónde estamos ahora. | 今どこにいるかを教えて下さい。
ima doko ni iru ka wo oshie te kudasai

¿Puedo llegar a pie? | そこまで歩いて行けますか？
soko made arui te ike masu ka?

¿Tiene un mapa de la ciudad? | 市内地図をお持ちですか？
shinai chizu wo o mochi desu ka ?

¿Cuánto cuesta la entrada? | チケットはいくらですか？
chiketto wa ikura desu ka ?

¿Se pueden hacer fotos aquí? | ここで写真を撮ってもいいですか？
koko de shashin wo totte mo ī desu ka ?

¿Está abierto? | 開いていますか？
hirai te i masu ka ?

¿A qué hora abren?

何時に開きますか？
nan ji ni hiraki masu ka ?

¿A qué hora cierran?

何時に閉まりますか？
nan ji ni shimari masu ka ?

Dinero

dinero	お金 okane
efectivo	現金 genkin
billetes	紙幣 shihei
monedas	おつり o tsuri
la cuenta | el cambio | la propina	勘定 ｜ おつり ｜ チップ kanjō | o tsuri | chippu
la tarjeta de crédito	クレジットカード kurejittokādo
la cartera	財布 saifu
comprar	買う kau
pagar	支払う shiharau
la multa	罰金 bakkin
gratis	無料 muryō
¿Dónde puedo comprar …?	…はどこで買えますか？ … wa doko de kae masu ka ?
¿Está el banco abierto ahora?	銀行は今開いていますか？ ginkō wa ima hirai te i masu ka ?
¿A qué hora abre?	いつ開きますか？ itsu hiraki masu ka ?
¿A qué hora cierra?	いつ閉まりますか？ itsu shimari masu ka ?
¿Cuánto cuesta?	いくらですか？ ikura desu ka ?
¿Cuánto cuesta esto?	これはいくらですか？ kore wa ikura desu ka ?
Es muy caro.	高すぎます。 takasugi masu
Perdone, ¿dónde está la caja?	すみません、レジはどこですか？ sumimasen, reji wa doko desu ka ?
La cuenta, por favor.	勘定をお願いします。 kanjō wo onegai shi masu

¿Puedo pagar con tarjeta?

カードで支払いができますか？
kādo de shiharai ga deki masu ka ?

¿Hay un cajero por aquí?

ここにＡＴＭはありますか？
kokoni ētīemu wa ari masu ka ?

Busco un cajero automático.

ＡＴＭを探しています。
ētīemu wo sagashi te i masu

Busco una oficina de cambio.

両替所を探しています。
ryōgae sho wo sagashi te i masu

Quisiera cambiar …

両替をしたいのですが…
ryōgae wo shi tai no desu ga…

¿Cuál es el tipo de cambio?

為替レートはいくらですか？
kawase rēto wa ikura desu ka ?

¿Necesita mi pasaporte?

パスポートは必要ですか？
pasupōto ha hituyō desu ka ?

Tiempo

¿Qué hora es?	何時ですか？ nan ji desu ka ?
¿Cuándo?	いつですか？ i tsu desu ka ?
¿A qué hora?	何時にですか？ nan ji ni desu ka ?
ahora | luego | después de …	今 | 1後で | …の後 ima |ato de | … no ato

la una	1時 ichi ji
la una y cuarto	1時 15分 ichi ji jyū go fun
la una y medio	1時半 ichi ji han
las dos menos cuarto	1時45分 ichi ji yon jyū go fun

una | dos | tres	1 | 2 | 3 ichi | ni | san
cuatro | cinco | seis	4 | 5 | 6 yonn | go |roku
siete | ocho | nueve	7 | 8 | 9 shichi | hachi | kyū
diez | once | doce	10 | 11 | 12 jyū | jyūichi | jyūni

en …	…後 … go
cinco minutos	5分 go fun
diez minutos	10分 juppun
quince minutos	15分 jyū go fun
veinte minutos	20分 nijuppun

media hora	30分 sanjuppun
una hora	一時間 ichi jikan
por la mañana	朝に asa ni

por la mañana temprano	早朝 sōchō
esta mañana	今朝 kesa
mañana por la mañana	明日の朝 ashita no asa

al mediodía	ランチのときに ranchi no toki ni
por la tarde	午後に gogo ni
por la noche	夕方 yūgata
esta noche	今夜 konya

por la noche	夜 yoru
ayer	昨日 kinō
hoy	今日 kyō
mañana	明日 ashita
pasado mañana	あさって asatte

¿Qué día es hoy?	今日は何曜日ですか？ kyō wa nan yōbi desu ka ?
Es …	…です … desu
lunes	月曜日 getsuyōbi
martes	火曜日 kayōbi
miércoles	水曜日 suiyōbi

jueves	木曜日 mokuyōbi
viernes	金曜日 kinyōbi
sábado	土曜日 doyōbi
domingo	日曜日 nichiyōbi

Saludos. Presentaciones.

Hola.	こんにちは。 konnichiwa
Encantado /Encantada/ de conocerle.	お会いできて嬉しいです。 o aideki te ureshī desu
Yo también.	こちらこそ。 kochira koso
Le presento a …	…さんに会わせていただきたいのですが … san ni awasete itadaki tai no desu ga
Encantado.	初めまして。 hajime mashite

¿Cómo está?	お元気ですか？ o genki desu ka ?
Me llamo …	私の名前は…です watashi no namae wa … desu
Se llama …	彼の名前は…です kare no namae wa … desu
Se llama …	彼女の名前は…です kanojo no namae wa … desu
¿Cómo se llama (usted)?	お名前は何ですか？ o namae wa nan desu ka ?
¿Cómo se llama (él)?	彼の名前は何ですか？ kare no namae wa nan desu ka ?
¿Cómo se llama (ella)?	彼女の名前は何ですか？ kanojo no namae wa nan desu ka ?

¿Cuál es su apellido?	苗字は何ですか？ myōji wa nan desu ka ?
Puede llamarme …	…と呼んで下さい … to yon de kudasai
¿De dónde es usted?	ご出身はどちらですか？ go shusshin wa dochira desu ka ?
Yo soy de ….	…の出身です … no shusshin desu
¿A qué se dedica?	お仕事は何をされていますか？ o shigoto wa nani wo sare te i masu ka ?
¿Quién es?	誰ですか？ dare desu ka ?
¿Quién es él?	彼は誰ですか？ kare wa dare desu ka ?
¿Quién es ella?	彼女は誰ですか？ kanojo wa dare desu ka ?
¿Quiénes son?	彼らは誰ですか？ karera wa dare desu ka ?

Este es ...
こちらは…
kochira wa …

mi amigo
私の友達です
watashi no tomodachi desu

mi amiga
私の友達です
watashi no tomodachi desu

mi marido
私の主人です
watashi no shujin desu

mi mujer
私の妻です
watashi no tsuma desu

---

mi padre
私の父です
watashi no chichi desu

mi madre
私の母です
watashi no haha desu

mi hermano
私の兄です
watashi no ani desu

mi hermana
私の妹です
watashi no imōto desu

mi hijo
私の息子です
watashi no musuko desu

mi hija
私の娘です
watashi no musume desu

Este es nuestro hijo.
私たちの息子です。
watashi tachi no musuko desu

Esta es nuestra hija.
私たちの娘です。
watashi tachi no musume desu

Estos son mis hijos.
私の子供です。
watashi no kodomo desu

Estos son nuestros hijos.
私たちの子供です。
watashi tachi no kodomo desu

Despedidas

¡Adiós!	さようなら！ sayōnara !
¡Chau!	じゃあね！ jā ne !
Hasta mañana.	また明日。 mata ashita
Hasta pronto.	またね。 mata ne
Te veo a las siete.	7時に会おう。 shichi ji ni ao u
¡Que se diviertan!	楽しんでね！ tanoshin de ne !
Hablamos más tarde.	じゃあ後で。 jā atode
Que tengas un buen fin de semana.	良い週末を。 yoi shūmatsu wo
Buenas noches.	お休みなさい。 o yasuminasai
Es hora de irme.	もう時間です。 mō jikan desu
Tengo que irme.	もう行かなければなりません。 mō ika nakere ba nari masen
Ahora vuelvo.	すぐ戻ります。 sugu modori masu
Es tarde.	もう遅いです。 mō osoi desu
Tengo que levantarme temprano.	早く起きなければいけません。 hayaku oki nakere ba ike masen
Me voy mañana.	明日出発します。 ashita shuppatsu shi masu
Nos vamos mañana.	私たちは明日出発します。 watashi tachi wa ashita shuppatsu shi masu
¡Que tenga un buen viaje!	旅行を楽しんで下さい！ ryokō wo tanoshin de kudasai !
Ha sido un placer.	お会いできて嬉しかったです。 o shiriai ni nare te uresikatta desu
Fue un placer hablar con usted.	お話できて良かったです。 ohanashi deki te yokatta desu

Gracias por todo.

色々とありがとうございました。
iroiro to arigatō gozai mashi ta

Lo he pasado muy bien.

とても楽しかったです。
totemo tanoshikatta desu

Lo pasamos muy bien.

とても楽しかったです。
totemo tanoshikatta desu

Fue genial.

とても楽しかった。
totemo tanoshikatta

Le voy a echar de menos.

寂しくなります。
sabishiku nari masu

Le vamos a echar de menos.

寂しくなります。
sabishiku nari masu

¡Suerte!

幸運を祈るよ！
kōun wo inoru yo !

Saludos a …

…に宜しくお伝え下さい。
… ni yoroshiku otsutae kudasai

Idioma extranjero

No entiendo.	分かりません。 wakari masen
Escríbalo, por favor.	それを書いて頂けますか？ sore wo kai te itadake masu ka ?
¿Habla usted ...?	…語で話せますか？ … go de hanase masu ka ?
Hablo un poco de ...	…を少し話せます …wo sukoshi hanase masu
inglés	英語 eigo
turco	トルコ語 toruko go
árabe	アラビア語 arabia go
francés	フランス語 furansu go
alemán	ドイツ語 doitsu go
italiano	イタリア語 itaria go
español	スペイン語 supein go
portugués	ポルトガル語 porutogaru go
chino	中国語 chūgoku go
japonés	日本語 nihon go
¿Puede repetirlo, por favor?	もう一度言っていただけますか。 mōichido itte itadake masuka
Lo entiendo.	分かりました。 wakari mashi ta
No entiendo.	分かりません。 wakari masen
Hable más despacio, por favor.	もう少しゆっくり話して下さい。 mōsukoshi yukkuri hanashi te kudasai
¿Está bien?	これで合っていますか？ kore de atte i masu ka ?
¿Qué es esto? (¿Que significa esto?)	これは何ですか？ kore wa nan desu ka ?

Disculpas

Perdone, por favor.	すみませんがお願いします。 sumimasen ga onegai shi masu
Lo siento.	ごめんなさい。 gomennasai
Lo siento mucho.	本当にごめんなさい。 hontōni gomennasai
Perdón, fue culpa mía.	ごめんなさい、私のせいです。 gomennasai, watashī no sei desu
Culpa mía.	私の間違いでした。 watashi no machigai deshi ta
¿Puedo ...?	…してもいいですか？ … shi te mo ī desu ka ?
¿Le molesta si ...?	…してもよろしいですか？ … shi te mo yoroshī desu ka ?
¡No hay problema! (No pasa nada.)	構いません。 kamai masen
Todo está bien.	大大夫です。 daijōbu desu
No se preocupe.	それについては心配しないで下さい。 sore ni tuitewa shinpai shi nai de kudasai

Acuerdos

Sí.
はい。
hai

Sí, claro.
はい、もちろん。
hai, mochiron

Bien.
わかりました。
wakari mashi ta

Muy bien.
いいですよ。
ī desuyo

¡Claro que sí!
もちろん！
mochiron !

Estoy de acuerdo.
賛成です。
sansei desu

Es verdad.
それは正しい。
sore wa tadashī

Es correcto.
それは正しい。
sore wa tadashī

Tiene razón.
あなたは合っています。
anata wa atte imasu

No me molesta.
気にしていません。
kinisite imasen

Es completamente cierto.
完全に正しいです。
kanzen ni tadashī desu

Es posible.
それは可能です。
sore wa kanō desu

Es una buena idea.
それはいい考えです。
sore wa ī kangae desu

No puedo decir que no.
断ることができません。
kotowaru koto ga deki masen

Estaré encantado /encantada/.
喜んで。
yorokon de

Será un placer.
喜んで。
yorokon de

Rechazo. Expresar duda

No. いいえ。
īe

Claro que no. もちろん、違います。
mochiron, chigai masu

No estoy de acuerdo. 賛成できません。
sansei deki masen

No lo creo. そうは思いません。
sō wa omoi masen

No es verdad. それは事実ではありません。
sore wa jijitsu de wa ari masen

No tiene razón. あなたは間違っています。
anata wa machigatte i masu

Creo que no tiene razón. あなたは間違っていると思います。
anata wa machigatte iru to omoi masu

No estoy seguro /segura/. わかりません。
wakari masen

No es posible. それは不可能です。
sore wa fukanō desu

¡Nada de eso! まさか！
masaka !

Justo lo contrario. 全く反対です。
mattaku hantai desu

Estoy en contra de ello. 反対です。
hantai desu

No me importa. (Me da igual.) 構いません。
kamai masen

No tengo ni idea. 全く分かりません。
mattaku wakari masen

Dudo que sea así. それはどうでしょう。
sore wa dō desyō

Lo siento, no puedo. 申し訳ありませんが、できません。
mōshiwake arimasenga, deki masen

Lo siento, no quiero. 申し訳ありませんが、遠慮させて
いただきたいのです。
mōshiwake arimasenga,ennryosasete
itadakitai no desu

Gracias, pero no lo necesito. ありがとうございます。でもそれは
必要ではありません。
arigatō gozai masu. demo sore wa
hitsuyō de wa ari masen

Ya es tarde.　　もう遅いです。
mō osoi desu

Tengo que levantarme temprano.　　早く起きなければいけません。
hayaku oki nakere ba ike masen

Me encuentro mal.　　気分が悪いのです。
kibun ga warui nodesu

Expresar gratitud

Gracias.	ありがとうございます。 arigatō gozai masu
Muchas gracias.	どうもありがとうございます。 dōmo arigatō gozai masu
De verdad lo aprecio.	本当に感謝しています。 hontōni kansha shi te i masu
Se lo agradezco.	あなたに本当に感謝しています。 anata ni hontōni kansha shi te i masu
Se lo agradecemos.	私たちはあなたに本当に 感謝しています。 watashi tachi wa anata ni hontōni kansha shi te i masu

Gracias por su tiempo.	お時間を頂きましてありがとう ございました。 o jikan wo itadaki mashi te arigatō gozai mashi ta
Gracias por todo.	何もかもありがとうございました。 nanimokamo arigatō gozai mashi ta
Gracias por ...	…をありがとうございます … wo arigatō gozai masu
su ayuda	助けて頂いて tasuke te itadai te
tan agradable momento	すばらしい時間 subarashī jikan

una comida estupenda	素敵なお料理 suteki na o ryōri
una velada tan agradable	楽しい夜 tanoshī yoru
un día maravilloso	素晴らしい 1 日 subarashī ichinichi
un viaje increíble	楽しい旅 tanoshī tabi

No hay de qué.	どういたしまして。 dōitashimashite
De nada.	どういたしまして。 dōitashimashite
Siempre a su disposición.	いつでもどうぞ。 itsu demo dōzo
Encantado /Encantada/ de ayudarle.	どういたしまして。 dōitashimashite

No hay de qué.

忘れて下さい。
wasure te kudasai

No tiene importancia.

心配しないで下さい。
shinpai shi nai de kudasai

Felicitaciones , Mejores Deseos

¡Felicidades!	おめでとうございます！ omedetō gozai masu !
¡Feliz Cumpleaños!	お誕生日おめでとうございます！ o tanjō bi omedetō gozai masu !
¡Feliz Navidad!	メリークリスマス！ merīkurisumasu !
¡Feliz Año Nuevo!	新年明けましておめでとう ございます！ shinnen ake mashi te omedetō gozai masu !

¡Felices Pascuas!	イースターおめでとうございます！ īsutā omedetō gozai masu !
¡Feliz Hanukkah!	ハヌカおめでとうございます！ hanuka omedetō gozai masu !

Quiero brindar.	乾杯をあげたいです。 kanpai wo age tai desu
¡Salud!	乾杯！ kanpai !
¡Brindemos por ...!	…のために乾杯しましょう！ … no tame ni kanpai shi masho u !
¡A nuestro éxito!	我々の成功のために！ wareware no seikō no tame ni !
¡A su éxito!	あなたの成功のために！ anata no seikō no tame ni !

¡Suerte!	幸運を祈るよ！ kōun wo inoru yo !
¡Que tenga un buen día!	良い一日をお過ごし下さい！ yoi ichi nichi wo osugoshi kudasai !
¡Que tenga unas buenas vacaciones!	良い休日をお過ごし下さい！ yoi kyūjitsu wo osugoshi kudasai !
¡Que tenga un buen viaje!	道中ご無事で！ dōtyū gobujide!
¡Espero que se recupere pronto!	早く良くなるといいですね！ hayaku yoku naru to ī desu ne !

Socializarse

¿Por qué está triste?
なぜ悲しいのですか？
naze kanashī no desu ka ?

¡Sonría! ¡Animese!
笑って！　元気を出してください！
waratte ! genki wo dashite kudasai !

¿Está libre esta noche?
今夜あいていますか？
konya ai te i masu ka ?

¿Puedo ofrecerle algo de beber?
何か飲みますか？
nani ka nomi masu ka ?

¿Querría bailar conmigo?
踊りませんか？
odori masen ka ?

Vamos a ir al cine.
映画に行きましょう。
eiga ni iki masho u

¿Puedo invitarle a …?
…へ誘ってもいいですか？
… e sasotte mo ī desu ka ?

un restaurante
レストラン
resutoran

el cine
映画
eiga

el teatro
劇場
gekijō

dar una vuelta
散歩
sanpo

¿A qué hora?
何時に？
nan ji ni ?

esta noche
今晩
konban

a las seis
6時
roku ji

a las siete
7時
shichi ji

a las ocho
8時
hachi ji

a las nueve
9時
kyū ji

¿Le gusta este lugar?
ここが好きですか？
koko ga suki desu ka ?

¿Está aquí con alguien?
ここで誰かと一緒ですか？
koko de dare ka to issyodesu ka ?

Estoy con mi amigo /amiga/.
友達と一緒です。
tomodachi to issho desu

Estoy con amigos.　友人たちと一緒です。
yūjin tachi to issho desu

No, estoy solo /sola/.　いいえ、一人です。
īe, hitori desu

¿Tienes novio?　彼氏いるの？
kareshi iru no ?

Tengo novio.　私は彼氏がいます。
watashi wa kareshi ga i masu

¿Tienes novia?　彼女いるの？
kanojo iru no ?

Tengo novia.　私は彼女がいます。
watashi wa kanojo ga i masu

¿Te puedo volver a ver?　また会えるかな？
mata aeru ka na ?

¿Te puedo llamar?　電話してもいい？
denwa shi te mo ī ?

Llámame.　電話してね。
denwa shi te ne

¿Cuál es tu número?　電話番号は？
denwa bangō wa ?

Te echo de menos.　寂しくなるよ。
sabishiku naru yo

¡Qué nombre tan bonito!　綺麗なお名前ですね。
kirei na o namae desu ne

Te quiero.　愛しているよ。
aishi te iru yo

¿Te casarías conmigo?　結婚しようか
kekkon shiyo u ka

¡Está de broma!　冗談でしょう！
jōdan dessyō!

Sólo estoy bromeando.　冗談だよ。
jōdan da yo

¿En serio?　本気ですか？
honki desuka ?

Lo digo en serio.　本気です。
honki desu

¿De verdad?　本当ですか？！
hontō desu ka ?!

¡Es increíble!　信じられません！
shinjirare masen !

No le creo.　あなたは信じられません。
anata wa shinzirare masen

No puedo.　私にはできません。
watashi ni wa deki masen

No lo sé.　わかりません。
wakari masen

No le entiendo.　おっしゃることが分かりません。
ossharu koto ga wakari masen

Váyase, por favor.　　　　　出ていって下さい。
　　　　　　　　　　　　　de te itte kudasai

¡Déjeme en paz!　　　　　　ほっといて下さい！
　　　　　　　　　　　　　hottoi te kudasai !

Es inaguantable.　　　　　　彼には耐えられない。
　　　　　　　　　　　　　kare ni wa taerare nai

¡Es un asqueroso!　　　　　いやな人ですね！
　　　　　　　　　　　　　iyana hito desu ne !

¡Llamaré a la policía!　　　　警察を呼びますよ！
　　　　　　　　　　　　　keisatsu wo yobi masuyo !

Compartir impresiones. Emociones

Me gusta.
これが好きです。
kore ga suki desu

Muy lindo.
とても素晴らしい。
totemo subarashī

¡Es genial!
それはすばらしいです！
sore wa subarashī desu！

No está mal.
それは悪くはないです。
sore wa waruku wa nai desu

No me gusta.
それが好きではありません。
sore ga suki de wa ari masen

No está bien.
それはよくないです。
sore wa yoku nai desu

Está mal.
それはひどいです。
sore wa hidoi desu

Está muy mal.
それはとてもひどいです。
sore wa totemo hidoi desu

¡Qué asco!
それは最悪です。
sore wa saiaku desu

Estoy feliz.
幸せです。
shiawase desu

Estoy contento /contenta/.
満足しています。
manzoku shi te i masu

Estoy enamorado /enamorada/.
好きな人がいます。
suki na hito ga i masu

Estoy tranquilo.
冷静です。
reisei desu

Estoy aburrido.
退屈です。
taikutsu desu

Estoy cansado /cansada/.
疲れています。
tsukare te i masu

Estoy triste.
悲しいです。
kanashī desu

Estoy asustado.
怖いです。
kowai desu

Estoy enfadado /enfadada/.
腹が立ちます。
haraga tachi masu

Estoy preocupado /preocupada/.
心配しています。
shinpai shi te i masu

Estoy nervioso /nerviosa/.
緊張しています。
kinchō shi te i masu

Estoy celoso /celosa/.　　　　　　　　嫉妬しています。
　　　　　　　　　　　　　　　　　　shitto shi te i masu

Estoy sorprendido /sorprendida/.　　　驚いています。
　　　　　　　　　　　　　　　　　　odoroi te i masu

Estoy perplejo /perpleja/.　　　　　　恥ずかしいです。
　　　　　　　　　　　　　　　　　　hazukashī desu

Problemas, Accidentes

Tengo un problema.	困っています。 komatte imasu
Tenemos un problema.	困っています。 komatte imasu
Estoy perdido /perdida/.	道に迷いました。 michi ni mayoi mashi ta
Perdi el último autobús (tren).	最終バス（電車）を逃しました。 saishūbasu (densha) wo nogashi mashi ta
No me queda más dinero.	もうお金がありません。 mō okane ga ari masen

He perdido …	…を失くしました … wo nakushi mashi ta
Me han robado …	…を盗まれました … wo nusumare mashi ta
mi pasaporte	パスポート pasupōto
mi cartera	財布 saifu
mis papeles	書類 shorui
mi billete	切符 kippu

mi dinero	お金 okane
mi bolso	ハンドバック handobakku
mi cámara	カメラ kamera
mi portátil	ノートパソコン nōto pasokon
mi tableta	タブレット型コンピューター taburetto gata konpyūtā
mi teléfono	携帯電話 keitai denwa

¡Ayúdeme!	助けて下さい！ tasuke te kudasai !
¿Qué pasó?	どうしましたか？ dō shi mashi ta ka ?

el incendio	火災 kasai
un tiroteo	発砲 happō
el asesinato	殺人 satsujin
una explosión	爆発 bakuhatsu
una pelea	けんか kenka

¡Llame a la policía!	警察を呼んで下さい！ keisatsu wo yon de kudasai !
¡Más rápido, por favor!	急いで下さい！ isoi de kudasai !
Busco la comisaría.	警察署を探しています。 keisatsu sho wo sagashi te imasu
Tengo que hacer una llamada.	電話をしなければなりません。 denwa wo shi nakere ba nari masen
¿Puedo usar su teléfono?	お電話をお借りしても良いですか？ o denwa wo o karishi te mo ī desu ka ?

Me han ...	…されました … sare mashi ta
asaltado /asaltada/	強盗 gōtō
robado /robada/	盗まれる nusumareru
violada	レイプ reipu
atacado /atacada/	暴行される bōkō sareru

¿Se encuentra bien?	大丈夫ですか？ daijōbu desu ka ?
¿Ha visto quien a sido?	誰が犯人か見ましたか？ dare ga hanninn ka mi mashi ta ka ?
¿Sería capaz de reconocer a la persona?	その人がどんな人か分かりますか？ sono hito ga donna hito ka wakari masu ka?
¿Está usted seguro?	本当に大丈夫ですか？ hontōni daijōbu desu ka ?

Por favor, cálmese.	落ち着いて下さい。 ochitsui te kudasai
¡Cálmese!	気楽に！ kiraku ni !
¡No se preocupe!	心配しないで！ shinpai shi nai de !
Todo irá bien.	大丈夫ですから。 daijōbu desu kara

Todo está bien.

大丈夫ですから。
daijōbu desu kara

Venga aquí, por favor.

こちらに来て下さい。
kochira ni ki te kudasai

Tengo unas preguntas para usted.

いくつかお伺いしたいことがあります。
ikutuka o ukagai shi tai koto ga ari masu

Espere un momento, por favor.

少しお待ち下さい。
sukoshi omachi kudasai

¿Tiene un documento de identidad?

身分証明書はお持ちですか？
mibun shōmei sho wa o mochi desu ka ?

Gracias. Puede irse ahora.

ありがとうございます。 もう
行っていいですよ。
arigatō gozai masu. mō
itte ī desuyo

¡Manos detrás de la cabeza!

両手を頭の後ろで組みなさい！
ryōute wo atama
no ushiro de kuminasai !

¡Está arrestado!

逮捕します
taiho shi masu

Problemas de salud

Ayudeme, por favor.	助けて下さい。 tasuke te kudasai
No me encuentro bien.	気分が悪いのです。 kibun ga warui nodesu
Mi marido no se encuentra bien.	主人の具合が悪いのです。 shujin no guai ga warui no desu
Mi hijo ...	息子の… musuko no ...
Mi padre ...	父の… chichi no ...
Mi mujer no se encuentra bien.	妻の具合が悪いのです。 tsuma no guai ga warui no desu
Mi hija ...	娘の… musume no ...
Mi madre ...	母の… haha no ...
Me duele ...	…がします ... ga shi masu
la cabeza	頭痛 zutsū
la garganta	喉が痛い nodo ga itai
el estómago	腹痛 fukutsū
un diente	歯痛 shitsū
Estoy mareado.	めまいがします。 memai ga shi masu
Él tiene fiebre.	彼は熱があります。 kare wa netsu ga ari masu
Ella tiene fiebre.	彼女は熱があります。 kanojo wa netsu ga ari masu
No puedo respirar.	息ができません。 iki ga deki masen
Me ahogo.	息切れがします。 ikigire ga shi masu
Tengo asma.	喘息です。 zensoku desu
Tengo diabetes.	糖尿病です。 tōnyō byō desu

No puedo dormir. 不眠症です。
huminsyō desu

intoxicación alimentaria 食中毒
shokuchūdoku

Me duele aquí. ここが痛いです。
koko ga itai desu

¡Ayúdeme! 助けて下さい！
tasuke te kudasai !

¡Estoy aquí! ここにいます！
koko ni i masu !

¡Estamos aquí! 私たちはここにいます！
watashi tachi wa koko ni i masu !

¡Saquenme de aquí! ここから出して下さい！
koko kara dashi te kudasai !

Necesito un médico. 医者に診せる必要があります。
isha ni miseru hítuyō ga arimasu

No me puedo mover. 動けません！
ugoke masen !

No puedo mover mis piernas. 足が動きません。
ashi ga ugoki masen

Tengo una herida. 傷があります。
kizu ga ari masu

¿Es grave? それは重傷ですか？
sore wa jūsyō desu ka ?

Mis documentos están en mi bolsillo. 私に関する書類はポケットに入っています。
watashi nikansuru shorui wa poketto ni haitte i masu

¡Cálmese! 落ち着いて下さい！
ochitsui te kudasai !

¿Puedo usar su teléfono? お電話をお借りしても良いですか？
o denwa wo o karishi te mo ī desu ka ?

¡Llame a una ambulancia! 救急車を呼んで下さい！
kyūkyū sha wo yon de kudasai !

¡Es urgente! 緊急です！
kinkyū desu !

¡Es una emergencia! 緊急です！
kinkyū desu !

¡Más rápido, por favor! 急いで下さい！
isoi de kudasai !

¿Puede llamar a un médico, por favor? 医者を呼んでいただけますか？
isha wo yon de itadake masu ka ?

¿Dónde está el hospital? 病院はどこですか？
byōin wa doko desu ka ?

¿Cómo se siente? ご気分はいかがですか？
gokibun wa ikaga desu ka ?

¿Se encuentra bien? 大丈夫ですか？
daijōbu desu ka ?

¿Qué pasó?
どうしましたか？
dō shi mashi ta ka ?

Me encuentro mejor.
もう気分が良くなりました。
mō kibun ga yoku narimashita

Está bien.
大丈夫です。
daijōbu desu

Todo está bien.
大丈夫です。
daijōbu desu

En la farmacia

la farmacia	薬局 yakkyoku
la farmacia 24 horas	２４時間営業の薬局 nijyū yo jikan eigyō no yakkyoku
¿Dónde está la farmacia más cercana?	一番近くの薬局はどこですか？ ichiban chikaku no yakkyoku wa doko desu ka?

¿Está abierta ahora?	今開いていますか？ ima ai te i masu ka ?
¿A qué hora abre?	何時に開きますか？ nan ji ni aki masu ka ?
¿A qué hora cierra?	何時に閉まりますか？ nan ji ni shimari masu ka ?

¿Está lejos?	遠いですか？ tōi desu ka ?
¿Puedo llegar a pie?	そこまで歩いて行けますか？ soko made arui te ike masu ka ?
¿Puede mostrarme en el mapa?	地図で教えて頂けますか？ chizu de oshie te itadake masu ka ?

Por favor, deme algo para ...	何か…に効くものを下さい nani ka ... ni kiku mono wo kudasai
un dolor de cabeza	頭痛 zutsū
la tos	咳 seki
el resfriado	風邪 kaze
la gripe	インフルエンザ infuruenza

la fiebre	発熱 hatsunetsu
un dolor de estomago	胃痛 itsū
nauseas	吐き気 hakike
la diarrea	下痢 geri
el estreñimiento	便秘 benpi

un dolor de espalda	腰痛 yōtsū
un dolor de pecho	胸痛 kyōtsū
el flato	脇腹の痛み wakibara no itami
un dolor abdominal	腹痛 fukutsū

la píldora	薬 kusuri
la crema	軟膏、クリーム nankō, kurīmu
el jarabe	シロップ shiroppu
el spray	スプレー supurē
las gotas	目薬 megusuri

Tiene que ir al hospital.	病院に行かなくてはなりません。 byōin ni ika naku te wa nari masen
el seguro de salud	健康保険 kenkō hoken
la receta	処方箋 shohōsen
el repelente de insectos	虫除け mushiyoke
la curita	絆創膏 bansōkō

Lo más imprescindible

Perdone, ...	すみません、… sumimasen, ...
Hola.	こんにちは。 konnichiwa
Gracias.	ありがとうございます。 arigatō gozai masu
Sí.	はい。 hai
No.	いいえ。 īe
No lo sé.	わかりません。 wakari masen
¿Dónde? | ¿A dónde? | ¿Cuándo?	どこ？ | どこへ？ | いつ？ doko ? | doko e ? | i tsu ?
Necesito ...	…が必要です ... ga hitsuyō desu
Quiero ...	したいです shi tai desu
¿Tiene ...?	…をお持ちですか？ ... wo o mochi desu ka ?
¿Hay ... por aquí?	ここには…がありますか？ koko ni wa ... ga ari masu ka ?
¿Puedo ...?	…してもいいですか？ ... shi te mo ī desu ka ?
..., por favor? (petición educada)	お願いします。 onegai shi masu
Busco ...	…を探しています ... wo sagashi te i masu
el servicio	トイレ toire
un cajero automático	ATM ētīemu
una farmacia	薬局 yakkyoku
el hospital	病院 byōin
la comisaría	警察 keisatsu
el metro	地下鉄 chikatetsu

un taxi	タクシー takushī
la estación de tren	駅 eki

Me llamo …	私は…と申します watashi wa … to mōshi masu
¿Cómo se llama?	お名前は何ですか？ o namae wa nan desu ka ?
¿Puede ayudarme, por favor?	助けていただけますか？ tasuke te itadake masu ka ?
Tengo un problema.	困ったことがあります。 komatta koto ga arimasu
Me encuentro mal.	気分が悪いのです。 kibun ga warui nodesu
¡Llame a una ambulancia!	救急車を呼んで下さい！ kyūkyū sha wo yon de kudasai !
¿Puedo llamar, por favor?	電話をしてもいいですか？ denwa wo shi te mo ī desu ka ?

Lo siento.	ごめんなさい。 gomennasai
De nada.	どういたしまして。 dōitashimashite

Yo	私 watashi
tú	君 kimi
él	彼 kare
ella	彼女 kanojo
ellos	彼ら karera
ellas	彼女たち kanojotachi
nosotros /nosotras/	私たち watashi tachi
ustedes, vosotros	君たち kimi tachi
usted	あなた anata

ENTRADA	入り口 iriguchi
SALIDA	出口 deguchi
FUERA DE SERVICIO	故障中 koshō chū
CERRADO	休業中 kyūgyō chū

ABIERTO	営業中 eigyō chū
PARA SEÑORAS	女性用 josei yō
PARA CABALLEROS	男性用 dansei yō

VOCABULARIO TEMÁTICO

Esta sección contiene más
de 3.000 de las palabras más
importantes. El diccionario
le proporcionará una ayuda
inestimable mientras viaja al
extranjero, porque las palabras
individuales son a menudo
suficientes para que
le entiendan.
El diccionario incluye una
transcripción adecuada
de cada palabra extranjera

T&P Books Publishing

CONTENIDO
DEL DICCIONARIO

Conceptos básicos	75
Números. Miscelánea	83
Los colores. Las unidades de medida	87
Los verbos más importantes	91
La hora. El calendario	97
El viaje. El hotel	103
El transporte	107
La ciudad	113
La ropa y los accesorios	121
La experiencia diaria	129
Las comidas. El restaurante	137
La información personal. La familia	147
El cuerpo. La medicina	151
El apartamento	159
La tierra. El tiempo	165
La fauna	177
La flora	185
Los países	191

T&P Books Publishing

CONCEPTOS BÁSICOS

1. Los pronombres
2. Saludos. Salutaciones
3. Las preguntas
4. Las preposiciones
5. Las palabras útiles. Los adverbios. Unidad 1
6. Las palabras útiles. Los adverbios. Unidad 2

1. Los pronombres

yo	私	watashi
tú	あなた	anata
él	彼	kare
ella	彼女	kanojo
nosotros, -as	私たち	watashi tachi
vosotros, -as	あなたがた	anata ga ta
ellos, ellas	彼らは	karera wa

2. Saludos. Salutaciones

¡Hola! (fam.)	やあ！	yā!
¡Hola! (form.)	こんにちは！	konnichiwa!
¡Buenos días!	おはよう！	ohayō!
¡Buenas tardes!	こんにちは！	konnichiwa!
¡Buenas noches!	こんばんは！	konbanwa!
decir hola	こんにちはと言う	konnichiwa to iu
¡Hola! (a un amigo)	やあ！	yā!
saludo (m)	挨拶	aisatsu
saludar (vt)	挨拶する	aisatsu suru
¿Cómo estás?	元気？	genki ?
¿Cómo estáis?	お元気ですか？	wo genki desu ka?
¿Cómo estás?	元気？	genki ?
¿Qué hay de nuevo?	調子はどう？	chōshi ha dō ?
¡Chau! ¡Adiós!	さようなら！	sayōnara!
¡Hasta la vista! (form.)	さようなら！	sayōnara!
¡Hasta la vista! (fam.)	バイバイ！	baibai!
¡Hasta pronto!	じゃあね！	jā ne!
¡Adiós!	さらば！	saraba !
despedirse (vr)	別れを告げる	wakare wo tsugeru
¡Hasta luego!	またね！	mata ne!
¡Gracias!	ありがとう！	arigatō!
¡Muchas gracias!	どうもありがとう！	dōmo arigatō!
De nada	どういたしまして	dōitashimashite
No hay de qué	礼なんていいよ	rei nante ī yo
De nada	どういたしまして	dōitashimashite
¡Disculpa!	失礼！	shitsurei!
¡Disculpe!	失礼致します！	shitsurei itashi masu!

disculpar (vt)	許す	yurusu
disculparse (vr)	謝る	ayamaru
Mis disculpas	おわび致します！	owabi itashi masu!
¡Perdóneme!	ごめんなさい！	gomennasai!
perdonar (vt)	許す	yurusu
¡No pasa nada!	大丈夫です！	daijōbu desu!
por favor	お願い	onegai
¡No se le olvide!	忘れないで！	wasure nai de!
¡Ciertamente!	もちろん！	mochiron!
¡Claro que no!	そんなことないよ！	sonna koto nai yo!
¡De acuerdo!	オーケー！	ōkē!
¡Basta!	もう十分だ！	mō jūbun da!

3. Las preguntas

¿Quién?	誰？	dare ?
¿Qué?	何？	nani ?
¿Dónde?	どこに？	doko ni ?
¿Adónde?	どちらへ？	dochira he ?
¿De dónde?	どこから？	doko kara ?
¿Cuándo?	いつ？	itsu ?
¿Para qué?	なんで？	nande ?
¿Por qué?	どうして？	dōshite ?
¿Por qué razón?	何のために？	nan no tame ni ?
¿Cómo?	どうやって？	dō yatte?
¿Qué ...? (~ color)	どんな ？	donna?
¿Cuál?	どちらの…？	dochira no ...?
¿A quién?	誰に？	dare ni ?
¿De quién? (~ hablan ...)	誰のこと？	dare no koto ?
¿De qué?	何のこと？	nannokoto ?
¿Con quién?	誰と？	dare to ?
¿Cuánto? (innum.)	いくら？	ikura ?
¿Cuánto? (num.)	いくつ？	ikutsu ?
¿De quién? (~ es este ...)	誰のもの？	Dare no mono ?

4. Las preposiciones

con ... (~ algn)	…と、…と共に	... to, totomoni
sin ... (~ azúcar)	…なしで	... nashi de
a ... (p.ej. voy a México)	…へ	... he
de ... (hablar ~)	…について	... ni tsuite
antes de ...	…の前に	... no mae ni
delante de ...	…の正面に	... no shōmen ni
debajo	下に	shita ni

sobre …, encima de …	上側に	uwagawa ni
en, sobre (~ la mesa)	上に	ue ni
de (origen)	…から	… kara
de (fabricado de)	…製の	… sei no
dentro de …	…で	… de
encima de …	…を越えて	… wo koe te

5. Las palabras útiles. Los adverbios. Unidad 1

¿Dónde?	どこに？	doko ni ?
aquí (adv)	ここで	kokode
allí (adv)	そこで	sokode
en alguna parte	どこかで	doko ka de
en ninguna parte	どこにも	doko ni mo
junto a …	近くで	chikaku de
junto a la ventana	窓辺に	mado beni
¿A dónde?	どちらへ？	dochira he ?
aquí (venga ~)	こちらへ	kochira he
allí (vendré ~)	そこへ	soko he
de aquí (adv)	ここから	koko kara
de allí (adv)	そこから	soko kara
cerca (no lejos)	そばに	soba ni
lejos (adv)	遠くに	tōku ni
cerca de …	近く	chikaku
al lado (de …)	近くに	chikaku ni
no lejos (adv)	遠くない	tōku nai
izquierdo (adj)	左の	hidari no
a la izquierda (situado ~)	左に	hidari ni
a la izquierda (girar ~)	左へ	hidari he
derecho (adj)	右の	migi no
a la derecha (situado ~)	右に	migi ni
a la derecha (girar)	右へ	migi he
delante (yo voy ~)	前に	mae ni
delantero (adj)	前の	mae no
adelante (movimiento)	前方へ	zenpō he
detrás de …	後ろに	ushiro ni
desde atrás	後ろから	ushiro kara
atrás (da un paso ~)	後ろへ	ushiro he
centro (m), medio (m)	中央	chūō
en medio (adv)	中央に	chūō ni

de lado (adv)	側面から	sokumen kara
en todas partes	どこでも	doko demo
alrededor (adv)	…の周りを	… no mawari wo

de dentro (adv)	中から	naka kara
a alguna parte	どこかへ	dokoka he
todo derecho (adv)	真っ直ぐに	massugu ni
atrás (muévelo para ~)	戻って	modotte

| de alguna parte (adv) | どこからでも | doko kara demo |
| no se sabe de dónde | どこからか | doko kara ka |

primero (adv)	第一に	dai ichi ni
segundo (adv)	第二に	dai ni ni
tercero (adv)	第三に	dai san ni

de súbito (adv)	急に	kyū ni
al principio (adv)	初めは	hajime wa
por primera vez	初めて	hajimete
mucho tiempo antes …	…かなり前に	… kanari mae ni
de nuevo (adv)	新たに	arata ni
para siempre (adv)	永遠に	eien ni

jamás, nunca (adv)	一度も	ichi do mo
de nuevo (adv)	再び	futatabi
ahora (adv)	今	ima
frecuentemente (adv)	よく	yoku
entonces (adv)	あのとき	ano toki
urgentemente (adv)	至急に	shikyū ni
usualmente (adv)	普通は	futsū wa

a propósito, …	ところで、…	tokorode, …
es probable	可能な	kanō na
probablemente (adv)	恐らく［おそらく］	osoraku
tal vez	ことによると	kotoni yoru to
además …	それに	soreni
por eso …	従って	shitagatte
a pesar de …	…にもかかわらず	… ni mo kakawara zu
gracias a …	…のおかげで	… no okage de

qué (pron)	何	nani
que (conj)	…ということ	… toyuu koto
algo (~ le ha pasado)	何か	nani ka
algo (~ así)	何か	nani ka
nada (f)	何もない	nani mo nai

quien	誰	dare
alguien (viene ~)	ある人	aru hito
alguien (¿ha llamado ~?)	誰か	dare ka

| nadie | 誰も…ない | dare mo … nai |
| a ninguna parte | どこへも | doko he mo |

| de nadie | 誰の…でもない | dare no … de mo nai |
| de alguien | 誰かの | dare ka no |

tan, tanto (adv)	とても	totemo
también (~ habla francés)	また	mata
también (p.ej. Yo ~)	も	mo

6. Las palabras útiles. Los adverbios. Unidad 2

¿Por qué?	どうして？	dōshite ?
no se sabe porqué	なぜか［何故か］	naze ka
porque …	なぜなら	nazenara
por cualquier razón (adv)	何らかの理由で	nanrakano riyū de

y (p.ej. uno y medio)	と	to
o (p.ej. té o café)	または	matawa
pero (p.ej. me gusta, ~)	でも	demo
para (p.ej. es para ti)	…のために	… no tame ni

demasiado (adv)	…すぎる	… sugiru
sólo, solamente (adv)	もっぱら	moppara
exactamente (adv)	正確に	seikaku ni
unos …,	約	yaku
cerca de … (~ 10 kg)		

aproximadamente	おおよそ	ōyoso
aproximado (adj)	おおよその	ōyosono
casi (adv)	ほとんど	hotondo
resto (m)	残り	nokori

el otro (adj)	もう一方の	mōippōno
otro (p.ej. el otro día)	他の	hokano
cada (adj)	各	kaku
cualquier (adj)	どれでも	dore demo
mucho (innum.)	多量の	taryō no
mucho (num.)	多くの	ōku no
muchos (mucha gente)	多くの人々	ōku no hitobito
todos	あらゆる人	arayuru hito

a cambio de …	…の返礼として	… no henrei toshite
en cambio (adv)	引き換えに	hikikae ni
a mano (hecho ~)	手で	te de
poco probable	ほとんど…ない	hotondo … nai

probablemente	恐らく［おそらく］	osoraku
a propósito (adv)	わざと	wazato
por accidente (adv)	偶然に	gūzen ni

| muy (adv) | 非常に | hijō ni |
| por ejemplo (adv) | 例えば | tatoeba |

entre (~ nosotros)	間	kan
entre (~ otras cosas)	…の間で	… no made
tanto (~ gente)	たくさん	takusan
especialmente (adv)	特に	tokuni

NÚMEROS. MISCELÁNEA

7. Números cardinales. Unidad 1
8. Números cardinales. Unidad 2
9. Números ordinales

T&P Books Publishing

cero	ゼロ	zero
uno	一	ichi
dos	二	ni
tres	三	san
cuatro	四	yon
cinco	五	go
seis	六	roku
siete	七	nana
ocho	八	hachi
nueve	九	kyū
diez	十	jū
once	十一	jū ichi
doce	十二	jū ni
trece	十三	jū san
catorce	十四	jū yon
quince	十五	jū go
dieciséis	十六	jū roku
diecisiete	十七	jū shichi
dieciocho	十八	jū hachi
diecinueve	十九	jū kyū
veinte	二十	ni jū
veintiuno	二十一	ni jū ichi
veintidós	二十二	ni jū ni
veintitrés	二十三	ni jū san
treinta	三十	san jū
treinta y uno	三一	san jū ichi
treinta y dos	三二	san jū ni
treinta y tres	三三	san jū san
cuarenta	四十	yon jū
cuarenta y uno	四一	yon jū ichi
cuarenta y dos	四二	yon jū ni
cuarenta y tres	四三	yon jū san
cincuenta	五十	go jū
cincuenta y uno	五十一	go jū ichi
cincuenta y dos	五十二	go jū ni
cincuenta y tres	五十三	go jū san
sesenta	六十	roku jū

sesenta y uno	六十一	roku jū ichi
sesenta y dos	六十二	roku jū ni
sesenta y tres	六十三	roku jū san
setenta	七十	nana jū
setenta y uno	七十一	nana jū ichi
setenta y dos	七十二	nana jū ni
setenta y tres	七十三	nana jū san
ochenta	八十	hachi jū
ochenta y uno	八十一	hachi jū ichi
ochenta y dos	八十二	hachi jū ni
ochenta y tres	八十三	hachi jū san
noventa	九十	kyū jū
noventa y uno	九十一	kyū jū ichi
noventa y dos	九十二	kyū jū ni
noventa y tres	九十三	kyū jū san

8. Números cardinales. Unidad 2

cien	百	hyaku
doscientos	二百	ni hyaku
trescientos	三百	san byaku
cuatrocientos	四百	yon hyaku
quinientos	五百	go hyaku
seiscientos	六百	roppyaku
setecientos	七百	nana hyaku
ochocientos	八百	happyaku
novecientos	九百	kyū hyaku
mil	千	sen
dos mil	二千	nisen
tres mil	三千	sanzen
diez mil	一万	ichiman
cien mil	１０万	jyūman
millón (m)	百万	hyakuman
mil millones	十億	jūoku

9. Números ordinales

primero (adj)	第一の	dai ichi no
segundo (adj)	第二の	dai ni no
tercero (adj)	第三の	dai san no
cuarto (adj)	第四の	dai yon no
quinto (adj)	第五の	dai go no
sexto (adj)	第六の	dai roku no

séptimo (adj)	第七の	dai nana no
octavo (adj)	第八の	dai hachi no
noveno (adj)	第九の	dai kyū no
décimo (adj)	第十の	dai jū no

T&P BOOKS

LOS COLORES.
LAS UNIDADES DE MEDIDA

10. Los colores
11. Las unidades de medida
12. Contenedores

T&P Books Publishing

color (m)	色	iro
matiz (m)	色合い	iroai
tono (m)	色相	shikisō
arco (m) iris	虹	niji
blanco (adj)	白い	shiroi
negro (adj)	黒い	kuroi
gris (adj)	灰色の	haīro no
verde (adj)	緑の	midori no
amarillo (adj)	黄色い	kīroi
rojo (adj)	赤い	akai
azul (adj)	青い	aoi
azul claro (adj)	水色の	mizu iro no
rosa (adj)	ピンクの	pinku no
naranja (adj)	オレンジの	orenji no
violeta (adj)	紫色の	murasaki iro no
marrón (adj)	茶色の	chairo no
dorado (adj)	金色の	kiniro no
argentado (adj)	銀色の	giniro no
beige (adj)	ベージュの	bēju no
crema (adj)	クリームの	kurīmu no
turquesa (adj)	ターコイズブルーの	tākoizuburū no
rojo cereza (adj)	チェリーレッドの	cherī reddo no
lila (adj)	ライラックの	rairakku no
carmesí (adj)	クリムゾンの	kurimuzon no
claro (adj)	薄い	usui
oscuro (adj)	濃い	koi
vivo (adj)	鮮やかな	azayaka na
de color (lápiz ~)	色の	iro no
en colores (película ~)	カラー…	karā …
blanco y negro (adj)	白黒の	shirokuro no
unicolor (adj)	単色の	tanshoku no
multicolor (adj)	色とりどりの	irotoridori no

11. **Las unidades de medida**

peso (m)	重さ	omo sa
longitud (f)	長さ	naga sa

anchura (f)	幅	haba
altura (f)	高さ	taka sa
profundidad (f)	深さ	fuka sa
volumen (m)	体積	taiseki
área (f)	面積	menseki

gramo (m)	グラム	guramu
miligramo (m)	ミリグラム	miriguramu
kilogramo (m)	キログラム	kiroguramu
tonelada (f)	トン	ton
libra (f)	ポンド	pondo
onza (f)	オンス	onsu

metro (m)	メートル	mētoru
milímetro (m)	ミリメートル	mirimētoru
centímetro (m)	センチメートル	senchimētoru
kilómetro (m)	キロメートル	kiromētoru
milla (f)	マイル	mairu

pulgada (f)	インチ	inchi
pie (m)	フィート	fīto
yarda (f)	ヤード	yādo

metro (m) cuadrado	平方メートル	heihō mētoru
hectárea (f)	ヘクタール	hekutāru
litro (m)	リットル	rittoru
grado (m)	度	do
voltio (m)	ボルト	boruto
amperio (m)	アンペア	anpea
caballo (m) de fuerza	馬力	bariki

cantidad (f)	数量	sūryō
un poco de ...	少し	sukoshi
mitad (f)	半分	hanbun
docena (f)	ダース	dāsu
pieza (f)	一個	ikko

| dimensión (f) | 大きさ | ōki sa |
| escala (f) (del mapa) | 縮尺 | shukushaku |

mínimo (adj)	極小の	kyokushō no
el más pequeño (adj)	最小の	saishō no
medio (adj)	中位の	chūi no
máximo (adj)	極大の	kyokudai no
el más grande (adj)	最大の	saidai no

12. Contenedores

| tarro (m) de vidrio | ジャー、瓶 | jā, bin |
| lata (f) | 缶 | kan |

cubo (m)	バケツ	baketsu
barril (m)	樽	taru
palangana (f)	たらい [盥]	tarai
tanque (m)	タンク	tanku
petaca (f) (de alcohol)	スキットル	sukittoru
bidón (m) de gasolina	ジェリカン	jerikan
cisterna (f)	積荷タンク	tsumini tanku
taza (f) (mug de cerámica)	マグカップ	magukappu
taza (f) (~ de café)	カップ	kappu
platillo (m)	ソーサー	sōsā
vaso (m) (~ de agua)	ガラスのコップ	garasu no koppu
copa (f) (~ de vino)	ワイングラス	wain gurasu
olla (f)	両手鍋	ryō tenabe
botella (f)	ボトル	botoru
cuello (m) de botella	ネック	nekku
garrafa (f)	デキャンター	dekyanta
jarro (m) (~ de agua)	水差し	mizusashi
recipiente (m)	器	utsuwa
tarro (m)	鉢	hachi
florero (m)	花瓶	kabin
frasco (m) (~ de perfume)	瓶	bin
frasquito (m)	バイアル	bai aru
tubo (m)	チューブ	chūbu
saco (m) (~ de azúcar)	南京袋	nankinbukuro
bolsa (f) (~ plástica)	袋	fukuro
paquete (m) (~ de cigarrillos)	箱	hako
caja (f)	箱	hako
cajón (m) (~ de madera)	木箱	ki bako
cesta (f)	かご [籠]	kago

T&P BOOKS

LOS VERBOS MÁS IMPORTANTES

13. Los verbos más importantes.
    Unidad 1
14. Los verbos más importantes.
    Unidad 2
15. Los verbos más importantes.
    Unidad 3
16. Los verbos más importantes.
    Unidad 4

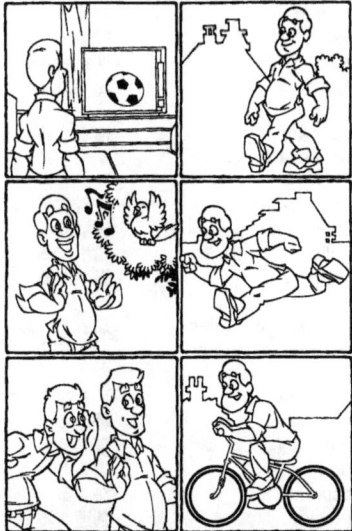

T&P Books Publishing

abrir (vt)	開ける	akeru
acabar, terminar (vt)	終える	oeru
aconsejar (vt)	助言する	jogen suru
adivinar (vt)	言い当てる	īateru
advertir (vt)	警告する	keikoku suru
alabarse, jactarse (vr)	自慢する	jiman suru
almorzar (vi)	昼食をとる	chūshoku wo toru
alquilar (~ una casa)	借りる	kariru
amenazar (vt)	脅す	odosu
arrepentirse (vr)	後悔する	kōkai suru
ayudar (vt)	手伝う	tetsudau
bañarse (vr)	海水浴をする	kaisuiyoku wo suru
bromear (vi)	冗談を言う	jōdan wo iu
buscar (vt)	探す	sagasu
caer (vi)	落ちる	ochiru
callarse (vr)	沈黙を守る	chinmoku wo mamoru
cambiar (vt)	変える	kaeru
castigar, punir (vt)	罰する	bassuru
cavar (vt)	掘る	horu
cazar (vi, vt)	狩る	karu
cenar (vi)	夕食をとる	yūshoku wo toru
cesar (vt)	止める	tomeru
coger (vt)	捕らえる	toraeru
comenzar (vt)	始める	hajimeru
comparar (vt)	比較する	hikaku suru
comprender (vt)	理解する	rikai suru
confiar (vt)	信用する	shinyō suru
confundir (vt)	混同する	kondō suru
conocer (~ a alguien)	知っている	shitte iru
contar (vt) (enumerar)	計算する	keisan suru
contar con …	…を頼りにする	… wo tayori ni suru
continuar (vt)	続ける	tsuzukeru
controlar (vt)	管制する	kansei suru
correr (vi)	走る	hashiru
costar (vt)	かかる	kakaru
crear (vt)	創造する	sōzō suru

14. Los verbos más importantes. Unidad 2

dar (vt)	手渡す	tewatasu
dar una pista	暗示する	anji suru
decir (vt)	言う	iu
decorar (para la fiesta)	飾る	kazaru
defender (vt)	防衛する	bōei suru
dejar caer	落とす	otosu
desayunar (vi)	朝食をとる	chōshoku wo toru
descender (vi)	下りる	oriru
dirigir (administrar)	管理する	kanri suru
disculpar (vt)	許す	yurusu
disculparse (vr)	謝る	ayamaru
discutir (vt)	討議する	tōgi suru
dudar (vt)	疑う	utagau
encontrar (hallar)	見つける	mitsukeru
engañar (vi, vt)	だます	damasu
entrar (vi)	入る	hairu
enviar (vt)	送る	okuru
equivocarse (vr)	誤りをする	ayamari wo suru
escoger (vt)	選択する	sentaku suru
esconder (vt)	隠す	kakusu
escribir (vt)	書く	kaku
esperar (aguardar)	待つ	matsu
esperar (tener esperanza)	希望する	kibō suru
estar de acuerdo	同意する	dōi suru
estudiar (vt)	勉強する	benkyō suru
exigir (vt)	要求する	yōkyū suru
existir (vi)	存在する	sonzai suru
explicar (vt)	説明する	setsumei suru
faltar (a las clases)	欠席する	kesseki suru
firmar (~ el contrato)	署名する	shomei suru
girar (~ a la izquierda)	曲がる	magaru
gritar (vi)	叫ぶ	sakebu
guardar (conservar)	保つ	tamotsu
gustar (vi)	好む	konomu
hablar (vi, vt)	話す	hanasu
hacer (vt)	する	suru
informar (vt)	知らせる	shiraseru
insistir (vi)	主張する	shuchō suru
insultar (vt)	侮辱する	bujoku suru
interesarse (vr)	…に興味がある	… ni kyōmi ga aru
invitar (vt)	招待する	shōtai suru

| ir (a pie) | 行く | iku |
| jugar (divertirse) | 遊ぶ | asobu |

15. Los verbos más importantes. Unidad 3

leer (vi, vt)	読む	yomu
liberar (ciudad, etc.)	解放する	kaihō suru
llamar (por ayuda)	求める	motomeru
llegar (vi)	到着する	tōchaku suru
llorar (vi)	泣く	naku
matar (vt)	殺す	korosu
mencionar (vt)	言及する	genkyū suru
mostrar (vt)	見せる	miseru
nadar (vi)	泳ぐ	oyogu
negarse (vr)	拒絶する	kyozetsu suru
objetar (vt)	反対する	hantai suru
observar (vt)	監視する	kanshi suru
oír (vt)	聞く	kiku
olvidar (vt)	忘れる	wasureru
orar (vi)	祈る	inoru
ordenar (mil.)	命令する	meirei suru
pagar (vi, vt)	払う	harau
pararse (vr)	止まる	tomaru
participar (vi)	参加する	sanka suru
pedir (ayuda, etc.)	頼む	tanomu
pedir (en restaurante)	注文する	chūmon suru
pensar (vi, vt)	思う	omō
percibir (ver)	見掛ける	mikakeru
perdonar (vt)	許す	yurusu
permitir (vt)	許可する	kyoka suru
pertenecer a ...	所有物である	shoyū butsu de aru
planear (vt)	計画する	keikaku suru
poder (v aux)	できる	dekiru
poseer (vt)	所有する	shoyū suru
preferir (vt)	好む	konomu
preguntar (vt)	問う	tō
preparar (la cena)	料理をする	ryōri wo suru
prever (vt)	見越す	mikosu
probar, tentar (vt)	試みる	kokoromiru
prometer (vt)	約束する	yakusoku suru
pronunciar (vt)	発音する	hatsuon suru
proponer (vt)	提案する	teian suru
quebrar (vt)	折る、壊す	oru, kowasu

quejarse (vr)	不平を言う	fuhei wo iu
querer (amar)	愛する	aisuru
querer (desear)	欲する	hossuru

16. Los verbos más importantes. Unidad 4

recomendar (vt)	推薦する	suisen suru
regañar, reprender (vt)	叱る [しかる]	shikaru
reírse (vr)	笑う	warau
repetir (vt)	復唱する	fukushō suru
reservar (~ una mesa)	予約する	yoyaku suru
responder (vi, vt)	回答する	kaitō suru
robar (vt)	盗む	nusumu
saber (~ algo mas)	知る	shiru
salir (vi)	出る	deru
salvar (vt)	救出する	kyūshutsu suru
seguir …	…について行く	… ni tsuiteiku
sentarse (vr)	座る	suwaru
ser necesario	必要である	hitsuyō de aru
ser, estar (vi)	ある	aru
significar (vt)	意味する	imi suru
sonreír (vi)	ほほえむ [微笑む]	hohoemu
sorprenderse (vr)	驚く	odoroku
subestimar (vt)	甘く見る	amaku miru
tener (vt)	持つ	motsu
tener hambre	腹をすかす	hara wo sukasu
tener miedo	怖がる	kowagaru
tener prisa	急ぐ	isogu
tener sed	喉が渇く	nodo ga kawaku
tirar, disparar (vi)	撃つ	utsu
tocar (con las manos)	触れる	fureru
tomar (vt)	取る	toru
tomar nota	書き留める	kakitomeru
trabajar (vi)	働く	hataraku
traducir (vt)	翻訳する	honyaku suru
unir (vt)	合体させる	gattai saséru
vender (vt)	売る	uru
ver (vt)	見る	miru
volar (pájaro, avión)	飛ぶ	tobu

LA HORA. EL CALENDARIO

17. Los días de la semana
18. Las horas. El día y la noche
19. Los meses. Las estaciones

T&P Books Publishing

lunes (m)	月曜日	getsuyōbi
martes (m)	火曜日	kayōbi
miércoles (m)	水曜日	suiyōbi
jueves (m)	木曜日	mokuyōbi
viernes (m)	金曜日	kinyōbi
sábado (m)	土曜日	doyōbi
domingo (m)	日曜日	nichiyōbi
hoy (adv)	今日	kyō
mañana (adv)	明日	ashita
pasado mañana	明後日［あさって］	asatte
ayer (adv)	昨日	kinō
anteayer (adv)	一昨日［おととい］	ototoi
día (m)	日	nichi
día (m) de trabajo	営業日	eigyōbi
día (m) de fiesta	公休	kōkyū
día (m) de descanso	休み	yasumi
fin (m) de semana	週末	shūmatsu
todo el día	一日中	ichi nichi chū
al día siguiente	翌日	yokujitsu
dos días atrás	2日前に	futsu ka mae ni
en vísperas (adv)	その前日に	sono zenjitsu ni
diario (adj)	毎日の	mainichi no
cada día (adv)	毎日	mainichi
semana (f)	週	shū
semana (f) pasada	先週	senshū
semana (f) que viene	来週	raishū
semanal (adj)	毎週の	maishū no
cada semana (adv)	毎週	maishū
2 veces por semana	週に2回	shūni nikai
todos los martes	毎週火曜日	maishū kayōbi

mañana (f)	朝	asa
por la mañana	朝に	asa ni
mediodía (m)	正午	shōgo
por la tarde	午後に	gogo ni
noche (f)	夕方	yūgata

por la noche	夕方に	yūgata ni
noche (f) (p.ej. 2:00 a.m.)	夜	yoru
por la noche	夜に	yoru ni
medianoche (f)	真夜中	mayonaka
segundo (m)	秒	byō
minuto (m)	分	fun, pun
hora (f)	時間	jikan
media hora (f)	３０分	san jū fun
cuarto (m) de hora	１５分	jū go fun
quince minutos	１５分	jū go fun
veinticuatro horas	一昼夜	icchūya
salida (f) del sol	日の出	hinode
amanecer (m)	夜明け	yoake
madrugada (f)	早朝	sōchō
puesta (f) del sol	夕日	yūhi
de madrugada	早朝に	sōchō ni
esta mañana	今朝	kesa
mañana por la mañana	明日の朝	ashita no asa
esta tarde	今日の午後	kyō no gogo
por la tarde	午後	gogo
mañana por la tarde	明日の午後	ashita no gogo
esta noche (p.ej. 8:00 p.m.)	今夜	konya
mañana por la noche	明日の夜	ashita no yoru
a las tres en punto	３時ちょうどに	sanji chōdo ni
a eso de las cuatro	４時頃	yoji goro
para las doce	１２時までに	jūniji made ni
dentro de veinte minutos	２０分後	nijuppungo
dentro de una hora	一時間後	ichi jikan go
a tiempo (adv)	予定通りに	yotei dōri ni
… menos cuarto	…時１５分	… ji jyūgo fun
durante una hora	１時間で	ichi jikan de
cada quince minutos	１５分ごとに	jyūgo fun goto ni
día y noche	昼も夜も	hiru mo yoru mo

19. Los meses. Las estaciones

enero (m)	一月	ichigatsu
febrero (m)	二月	nigatsu
marzo (m)	三月	sangatsu
abril (m)	四月	shigatsu
mayo (m)	五月	gogatsu

junio (m)	六月	rokugatsu
julio (m)	七月	shichigatsu
agosto (m)	八月	hachigatsu
septiembre (m)	九月	kugatsu
octubre (m)	十月	jūgatsu
noviembre (m)	十一月	jūichigatsu
diciembre (m)	十二月	jūnigatsu
primavera (f)	春	haru
en primavera	春に	haru ni
de primavera (adj)	春の	haru no
verano (m)	夏	natsu
en verano	夏に	natsu ni
de verano (adj)	夏の	natsu no
otoño (m)	秋	aki
en otoño	秋に	aki ni
de otoño (adj)	秋の	aki no
invierno (m)	冬	fuyu
en invierno	冬に	fuyu ni
de invierno (adj)	冬の	fuyu no
mes (m)	月	tsuki
este mes	今月	kongetsu
al mes siguiente	来月	raigetsu
el mes pasado	先月	sengetsu
hace un mes	一ヶ月前	ichi kagetsu mae
dentro de un mes	一ヶ月後	ichi kagetsu go
dentro de dos meses	二ヶ月後	ni kagetsu go
todo el mes	丸一ヶ月	maru ichi kagetsu
todo un mes	一ヶ月間ずっと	ichi kagetsu kan zutto
mensual (adj)	月刊の	gekkan no
mensualmente (adv)	毎月	maitsuki
cada mes	月1回	tsuki ichi kai
dos veces por mes	月に2回	tsuki ni ni kai
año (m)	年	nen
este año	今年	kotoshi
el próximo año	来年	rainen
el año pasado	去年	kyonen
hace un año	一年前	ichi nen mae
dentro de un año	一年後	ichi nen go
dentro de dos años	二年後	ni nen go
todo el año	丸一年	maru ichi nen
todo un año	通年	tsūnen
cada año	毎年	maitoshi
anual (adj)	毎年の	maitoshi no

anualmente (adv)	年1回	toshi ichi kai
cuatro veces por año	年に4回	toshi ni yon kai
fecha (f) (la ~ de hoy es …)	日付	hizuke
fecha (f) (~ de entrega)	年月日	nengappi
calendario (m)	カレンダー	karendā
medio año (m)	半年	hantoshi
seis meses	6ヶ月	roku kagetsu
estación (f)	季節	kisetsu
siglo (m)	世紀	seiki

EL VIAJE. EL HOTEL

20. Las vacaciones. El viaje
21. El hotel
22. El turismo. La excursión

T&P Books Publishing

turismo (m)	観光	kankō
turista (m)	観光客	kankō kyaku
viaje (m)	旅行	ryokō
aventura (f)	冒険	bōken
viaje (m) (p.ej. ~ en coche)	旅	tabi
vacaciones (f pl)	休暇	kyūka
estar de vacaciones	休暇中です	kyūka chū desu
descanso (m)	休み	yasumi
tren (m)	列車	ressha
en tren	列車で	ressha de
avión (m)	航空機	kōkūki
en avión	飛行機で	hikōki de
en coche	車で	kuruma de
en barco	船で	fune de
equipaje (m)	荷物	nimotsu
maleta (f)	スーツケース	sūtsukēsu
carrito (m) de equipaje	荷物カート	nimotsu kāto
pasaporte (m)	パスポート	pasupōto
visado (m)	ビザ	biza
billete (m)	乗車券	jōsha ken
billete (m) de avión	航空券	kōkū ken
guía (f) (libro)	ガイドブック	gaido bukku
mapa (m)	地図	chizu
área (f) (~ rural)	地域	chīki
lugar (m)	場所	basho
exotismo (m)	エキゾチック	ekizochikku
exótico (adj)	エキゾチックな	ekizochikku na
asombroso (adj)	驚くべき	odoroku beki
grupo (m)	団	dan
excursión (f)	小旅行	shō ryokō
guía (m) (persona)	ツアーガイド	tuā gaido

hotel (m)	ホテル	hoteru
motel (m)	モーテル	mōteru

de tres estrellas	三つ星	mitsu boshi
de cinco estrellas	五つ星	itsutsu boshi
hospedarse (vr)	泊まる	tomaru

habitación (f)	部屋、ルーム	heya, rūmu
habitación (f) individual	シングルルーム	shinguru rūmu
habitación (f) doble	ダブルルーム	daburu rūmu
reservar una habitación	部屋を予約する	heya wo yoyaku suru

| media pensión (f) | ハーフボード | hāfu bōdo |
| pensión (f) completa | フルボード | furu bōdo |

con baño	浴槽付きの	yokusō tsuki no
con ducha	シャワー付きの	shawā tsuki no
televisión (f) satélite	衛星テレビ	eisei terebi
climatizador (m)	エアコン	eakon
toalla (f)	タオル	taoru
llave (f)	鍵	kagi

administrador (m)	管理人	kanri jin
camarera (f)	客室係	kyakushitsu gakari
maletero (m)	ベルボーイ	beru bōi
portero (m)	ドアマン	doa man

restaurante (m)	レストラン	resutoran
bar (m)	パブ、バー	pabu, bā
desayuno (m)	朝食	chōshoku
cena (f)	夕食	yūshoku
buffet (m) libre	ビュッフェ	byuffe

| vestíbulo (m) | ロビー | robī |
| ascensor (m) | エレベーター | erebētā |

| NO MOLESTAR | 起こさないで下さい | okosa nai de kudasai |
| PROHIBIDO FUMAR | 禁煙 | kinen |

22. El turismo. La excursión

monumento (m)	記念碑	kinen hi
fortaleza (f)	要塞	yōsai
palacio (m)	宮殿	kyūden
castillo (m)	城	shiro
torre (f)	塔	tō
mausoleo (m)	マウソレウム	mausoreumu

arquitectura (f)	建築	kenchiku
medieval (adj)	中世の	chūsei no
antiguo (adj)	古代の	kodai no
nacional (adj)	国の	kuni no
conocido (adj)	有名な	yūmei na

turista (m)	観光客	kankō kyaku
guía (m) (persona)	ガイド	gaido
excursión (f)	小旅行	shō ryokō
mostrar (vt)	案内する	annai suru
contar (una historia)	話をする	hanashi wo suru
encontrar (hallar)	見つける	mitsukeru
perderse (vr)	道に迷う	michi ni mayō
plano (m) (~ de metro)	地図	chizu
mapa (m) (~ de la ciudad)	地図	chizu
recuerdo (m)	土産	miyage
tienda (f) de regalos	土産品店	miyage hin ten
hacer fotos	写真に撮る	shashin ni toru
fotografiarse (vr)	写真を撮られる	shashin wo torareru

EL TRANSPORTE

23. El aeropuerto
24. El avión
25. El tren
26. El barco

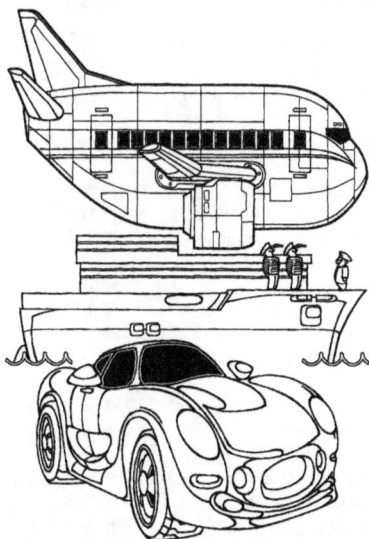

T&P Books Publishing

aeropuerto (m)	空港	kūkō
avión (m)	航空機	kōkūki
compañía (f) aérea	航空会社	kōkū gaisha
controlador (m) aéreo	航空管制官	kōkū kansei kan

despegue (m)	出発	shuppatsu
llegada (f)	到着	tōchaku
llegar (en avión)	到着する	tōchaku suru

| hora (f) de salida | 出発時刻 | shuppatsu jikoku |
| hora (f) de llegada | 到着時刻 | tōchaku jikoku |

| retrasarse (vr) | 遅れる | okureru |
| retraso (m) de vuelo | フライトの遅延 | furaito no chien |

pantalla (f) de información	フライト情報	furaito jōhō
información (f)	案内	annai
anunciar (vt)	アナウンスする	anaunsu suru
vuelo (m)	フライト	furaito

| aduana (f) | 税関 | zeikan |
| aduanero (m) | 税関吏 | zeikanri |

declaración (f) de aduana	税関申告	zeikan shinkoku
rellenar (vt)	記入する	kinyū suru
rellenar la declaración	申告書を記入する	shinkoku sho wo kinyū suru

| control (m) de pasaportes | 入国審査 | nyūkoku shinsa |

equipaje (m)	荷物	nimotsu
equipaje (m) de mano	持ち込み荷物	mochikomi nimotsu
carrito (m) de equipaje	荷物カート	nimotsu kāto

aterrizaje (m)	着陸	chakuriku
pista (f) de aterrizaje	滑走路	kassō ro
aterrizar (vi)	着陸する	chakuriku suru
escaleras (f pl) (de avión)	タラップ	tarappu

facturación (f) (check-in)	チェックイン	chekkuin
mostrador (m) de facturación	チェックインカウンター	chekkuin kauntā
hacer el check-in	チェックインする	chekkuin suru
tarjeta (f) de embarque	搭乗券	tōjō ken
puerta (f) de embarque	出発ゲート	shuppatsu gēto

tránsito (m)	乗り継ぎ	noritsugi
esperar (aguardar)	待つ	matsu
zona (f) de preembarque	出発ロビー	shuppatsu robī
despedir (vt)	見送る	miokuru
despedirse (vr)	別れを告げる	wakare wo tsugeru

24. El avión

avión (m)	航空機	kōkūki
billete (m) de avión	航空券	kōkū ken
compañía (f) aérea	航空会社	kōkū gaisha
aeropuerto (m)	空港	kūkō
supersónico (adj)	超音速の	chō onsoku no
comandante (m)	機長	kichō
tripulación (f)	乗務員	jōmu in
piloto (m)	パイロット	pairotto
azafata (f)	客室乗務員	kyakushitsu jōmu in
navegador (m)	航空士	kōkū shi
alas (f pl)	翼	tsubasa
cola (f)	尾部	o bu
cabina (f)	コックピット	kokkupitto
motor (m)	エンジン	enjin
tren (m) de aterrizaje	着陸装置	chakuriku sōchi
turbina (f)	タービン	tābin
hélice (f)	プロペラ	puropera
caja (f) negra	ブラックボックス	burakku bokkusu
timón (m)	操縦ハンドル	sōjū handoru
combustible (m)	燃料	nenryō
instructivo (m) de seguridad	安全のしおり	anzen no shiori
respirador (m) de oxígeno	酸素マスク	sanso masuku
uniforme (m)	制服	seifuku
chaleco (m) salvavidas	ライフジャケット	raifu jaketto
paracaídas (m)	落下傘	rakkasan
despegue (m)	離陸	ririku
despegar (vi)	離陸する	ririku suru
pista (f) de despegue	滑走路	kassō ro
visibilidad (f)	視程	shitei
vuelo (m)	飛行	hikō
altura (f)	高度	kōdo
pozo (m) de aire	エアポケット	eapoketto
asiento (m)	席	seki
auriculares (m pl)	ヘッドホン	heddohon
mesita (f) plegable	折りたたみ式の テーブル	oritatami shiki no tēburu

| ventana (f) | 機窓 | kisō |
| pasillo (m) | 通路 | tsūro |

25. El tren

tren (m)	列車	ressha
tren (m) de cercanías	通勤列車	tsūkin ressha
tren (m) rápido	高速鉄道	kōsoku tetsudō
locomotora (f) diésel	ディーゼル機関車	dīzeru kikan sha
tren (m) de vapor	蒸気機関車	jōki kikan sha

| coche (m) | 客車 | kyakusha |
| coche (m) restaurante | 食堂車 | shokudō sha |

rieles (m pl)	レール	rēru
ferrocarril (m)	鉄道	tetsudō
traviesa (f)	枕木	makuragi

plataforma (f)	ホーム	hōmu
vía (f)	線路	senro
semáforo (m)	鉄道信号機	tetsudō shingō ki
estación (f)	駅	eki

maquinista (m)	機関士	kikan shi
maletero (m)	ポーター	pōtā
mozo (m) del vagón	車掌	shashō
pasajero (m)	乗客	jōkyaku
revisor (m)	検札係	kensatsu gakari

| corredor (m) | 通路 | tsūro |
| freno (m) de urgencia | 非常ブレーキ | hijō burēki |

compartimiento (m)	コンパートメント	konpātomento
litera (f)	寝台	shindai
litera (f) de arriba	上段寝台	jōdan shindai
litera (f) de abajo	下段寝台	gedan shindai
ropa (f) de cama	リネン	rinen

billete (m)	乗車券	jōsha ken
horario (m)	時刻表	jikoku hyō
pantalla (f) de información	発車標	hassha shirube

partir (vi)	発車する	hassha suru
partida (f) (del tren)	発車	hassha
llegar (tren)	到着する	tōchaku suru
llegada (f)	到着	tōchaku

llegar en tren	電車で来る	densha de kuru
tomar el tren	電車に乗る	densha ni noru
bajar del tren	電車をおりる	densha wo oriru

descarrilamiento (m)	鉄道事故	tetsudō jiko
descarrilarse (vr)	脱線する	dassen suru
tren (m) de vapor	蒸気機関車	jōki kikan sha
fogonero (m)	火夫	kafu
hogar (m)	火室	kashitsu
carbón (m)	石炭	sekitan

26. El barco

| barco, buque (m) | 船舶 | senpaku |
| navío (m) | 大型船 | ōgata sen |

buque (m) de vapor	蒸気船	jōki sen
motonave (f)	川船	kawabune
trasatlántico (m)	遠洋定期船	enyō teiki sen
crucero (m)	クルーザー	kurūzā

yate (m)	ヨット	yotto
remolcador (m)	曳船	eisen
barcaza (f)	艀、バージ	hashike, bāji
ferry (m)	フェリー	ferī

| velero (m) | 帆船 | hansen |
| bergantín (m) | ブリガンティン | burigantin |

| rompehielos (m) | 砕氷船 | saihyō sen |
| submarino (m) | 潜水艦 | sensui kan |

bote (m) de remo	ボート	bōto
bote (m)	ディンギー	dingī
bote (m) salvavidas	救命艇	kyūmei tei
lancha (f) motora	モーターボート	mōtābōto

capitán (m)	船長	senchō
marinero (m)	船員	senin
marino (m)	水夫	suifu
tripulación (f)	乗組員	norikumi in

contramaestre (m)	ボースン	bōsun
grumete (m)	キャビンボーイ	kyabin bōi
cocinero (m) de abordo	船のコック	fune no kokku
médico (m) del buque	船医	seni

cubierta (f)	甲板	kanpan
mástil (m)	マスト	masuto
vela (f)	帆	ho

bodega (f)	船倉	funagura
proa (f)	船首	senshu
popa (f)	船尾	senbi

remo (m)	櫂	kai
hélice (f)	プロペラ	puropera
camarote (m)	船室	senshitsu
sala (f) de oficiales	士官室	shikan shitsu
sala (f) de máquinas	機関室	kikan shitsu
puente (m) de mando	船橋	funabashi
sala (f) de radio	無線室	musen shitsu
onda (f)	電波	denpa
cuaderno (m) de bitácora	航海日誌	kōkai nisshi
anteojo (m)	単眼望遠鏡	tangan bōenkyō
campana (f)	船鐘	funekane
bandera (f)	旗	hata
cabo (m) (maroma)	ロープ	rōpu
nudo (m)	結び目	musubime
pasamano (m)	手摺	tesuri
pasarela (f)	舷門	genmon
ancla (f)	錨［いかり］	ikari
levar ancla	錨をあげる	ikari wo ageru
echar ancla	錨を下ろす	ikari wo orosu
cadena (f) del ancla	錨鎖	byōsa
puerto (m)	港	minato
embarcadero (m)	埠頭	futō
amarrar (vt)	係留する	keiryū suru
desamarrar (vt)	出航する	shukkō suru
viaje (m)	旅行	ryokō
crucero (m) (viaje)	クルーズ	kurūzu
derrota (f) (rumbo)	針路	shinro
itinerario (m)	船のルート	fune no rūto
canal (m) navegable	航路	kōro
bajío (m)	浅瀬	asase
encallar (vi)	浅瀬に乗り上げる	asase ni noriageru
tempestad (f)	嵐	arashi
señal (f)	信号	shingō
hundirse (vr)	沈没する	chinbotsu suru
¡Hombre al agua!	落水したぞ！	ochimizu shi ta zo!
SOS	ＳＯＳ	esuōesu
aro (m) salvavidas	救命浮輪	kyūmei ukiwa

T&P BOOKS

LA CIUDAD

27. El transporte urbano
28. La ciudad. La vida en la ciudad
29. Las instituciones urbanas
30. Los avisos
31. Las compras

T&P Books Publishing

autobús (m)	バス	basu
tranvía (m)	路面電車	romen densha
trolebús (m)	トロリーバス	tororībasu
itinerario (m)	路線	rosen
número (m)	番号	bangō
ir en ...	…で行く	... de iku
tomar (~ el autobús)	乗る	noru
bajar (~ del tren)	降りる	oriru
parada (f)	停	toma
próxima parada (f)	次の停車駅	tsugi no teishaeki
parada (f) final	終着駅	shūchakueki
horario (m)	時刻表	jikoku hyō
esperar (aguardar)	待つ	matsu
billete (m)	乗車券	jōsha ken
precio (m) del billete	運賃	unchin
cajero (m)	販売員	hanbai in
control (m) de billetes	集札	shū satsu
revisor (m)	車掌	shashō
llegar tarde (vi)	遅れる	okureru
perder (~ el tren)	逃す	nogasu
tener prisa	急ぐ	isogu
taxi (m)	タクシー	takushī
taxista (m)	タクシーの運転手	takushī no unten shu
en taxi	タクシーで	takushī de
parada (f) de taxi	タクシー乗り場	takushī noriba
llamar un taxi	タクシーを呼ぶ	takushī wo yobu
tomar un taxi	タクシーに乗る	takushī ni noru
tráfico (m)	交通	kōtsū
atasco (m)	渋滞	jūtai
horas (f pl) de punta	ラッシュアワー	rasshuawā
aparcar (vi)	駐車する	chūsha suru
aparcar (vt)	駐車する	chūsha suru
aparcamiento (m)	駐車場	chūsha jō
metro (m)	地下鉄	chikatetsu
estación (f)	駅	eki
ir en el metro	地下鉄で行く	chikatetsu de iku

| tren (m) | 列車 | ressha |
| estación (f) | 鉄道駅 | tetsudō eki |

28. La ciudad. La vida en la ciudad

ciudad (f)	市、町	shi, machi
capital (f)	首都	shuto
aldea (f)	村	mura

plano (m) de la ciudad	市街地図	shigai chizu
centro (m) de la ciudad	中心街	chūshin gai
suburbio (m)	郊外	kōgai
suburbano (adj)	郊外の	kōgai no

arrabal (m)	町外れ	machihazure
afueras (f pl)	近郊	kinkō
barrio (m)	街区	gaiku
zona (f) de viviendas	住宅街	jūtaku gai

tráfico (m)	交通	kōtsū
semáforo (m)	信号	shingō
transporte (m) urbano	公共交通機関	kōkyō kōtsū kikan
cruce (m)	交差点	kōsaten

paso (m) de peatones	横断歩道	ōdan hodō
paso (m) subterráneo	地下道	chikadō
cruzar (vt)	横断する	ōdan suru
peatón (m)	歩行者	hokō sha
acera (f)	歩道	hodō

puente (m)	橋	hashi
muelle (m)	堤防	teibō
fuente (f)	噴水	funsui

alameda (f)	散歩道	sanpomichi
parque (m)	公園	kōen
bulevar (m)	大通り	ōdōri
plaza (f)	広場	hiroba
avenida (f)	アヴェニュー	avenyū
calle (f)	通り	tōri
callejón (m)	わき道［脇道］	wakimichi
callejón (m) sin salida	行き止まり	ikidomari

casa (f)	家屋	kaoku
edificio (m)	建物	tatemono
rascacielos (m)	摩天楼	matenrō

fachada (f)	ファサード	fasādo
techo (m)	屋根	yane
ventana (f)	窓	mado

arco (m)	アーチ	āchi
columna (f)	柱	hashira
esquina (f)	角	kado
escaparate (f)	ショーウインドー	shōuindō
letrero (m) (~ luminoso)	店看板	mise kanban
cartel (m)	ポスター	posutā
cartel (m) publicitario	広告ポスター	kōkoku posutā
valla (f) publicitaria	広告掲示板	kōkoku keijiban
basura (f)	ゴミ［ごみ］	gomi
cajón (m) de basura	ゴミ入れ	gomi ire
tirar basura	ゴミを投げ捨てる	gomi wo nagesuteru
basurero (m)	ゴミ捨て場	gomi suteba
cabina (f) telefónica	電話ボックス	denwa bokkusu
farola (f)	街灯柱	gaitō bashira
banco (m) (del parque)	ベンチ	benchi
policía (m)	警官	keikan
policía (f) (~ nacional)	警察	keisatsu
mendigo (m)	こじき	kojiki
persona (f) sin hogar	ホームレス	hōmuresu

29. Las instituciones urbanas

tienda (f)	店、…屋	mise, …ya
farmacia (f)	薬局	yakkyoku
óptica (f)	眼鏡店	megane ten
centro (m) comercial	ショッピングモール	shoppingu mōru
supermercado (m)	スーパーマーケット	sūpāmāketto
panadería (f)	パン屋	panya
panadero (m)	パン職人	pan shokunin
pastelería (f)	菓子店	kashi ten
tienda (f) de comestibles	食料品店	shokuryō hin ten
carnicería (f)	肉屋	nikuya
verdulería (f)	八百屋	yaoya
mercado (m)	市場	ichiba
cafetería (f)	喫茶店	kissaten
restaurante (m)	レストラン	resutoran
cervecería (f)	パブ	pabu
pizzería (f)	ピザ屋	piza ya
peluquería (f)	美容院	biyō in
oficina (f) de correos	郵便局	yūbin kyoku
tintorería (f)	クリーニング屋	kurīningu ya
estudio (m) fotográfico	写真館	shashin kan

zapatería (f)	靴屋	kutsuya
librería (f)	本屋	honya
tienda (f) deportiva	スポーツ店	supōtsu ten
arreglos (m pl) de ropa	洋服直し専門店	yōfuku naoshi senmon ten
alquiler (m) de ropa	貸衣裳店	kashi ishō ten
videoclub (m)	レンタルビデオ店	rentarubideo ten
circo (m)	サーカス	sākasu
zoológico (m)	動物園	dōbutsu en
cine (m)	映画館	eiga kan
museo (m)	博物館	hakubutsukan
biblioteca (f)	図書館	toshokan
teatro (m)	劇場	gekijō
ópera (f)	オペラハウス	opera hausu
club (m) nocturno	ナイトクラブ	naito kurabu
casino (m)	カジノ	kajino
mezquita (f)	モスク	mosuku
sinagoga (f)	シナゴーグ	shinagōgu
catedral (f)	大聖堂	dai seidō
templo (m)	寺院	jīn
iglesia (f)	教会	kyōkai
instituto (m)	大学	daigaku
universidad (f)	大学	daigaku
escuela (f)	学校	gakkō
prefectura (f)	県庁舎	ken chōsha
alcaldía (f)	市役所	shiyaku sho
hotel (m)	ホテル	hoteru
banco (m)	銀行	ginkō
embajada (f)	大使館	taishikan
agencia (f) de viajes	旅行代理店	ryokō dairi ten
oficina (f) de información	案内所	annai sho
oficina (f) de cambio	両替所	ryōgae sho
metro (m)	地下鉄	chikatetsu
hospital (m)	病院	byōin
gasolinera (f)	ガソリンスタンド	gasorin sutando
aparcamiento (m)	駐車場	chūsha jō

30. Los avisos

letrero (m) (~ luminoso)	店看板	mise kanban
cartel (m) (texto escrito)	看板	kanban
pancarta (f)	ポスター	posutā

señal (m) de dirección	方向看板	hōkō kanban
flecha (f) (signo)	矢印	yajirushi
advertencia (f)	注意	chūi
aviso (m)	警告表示	keikoku hyōji
advertir (vt)	警告する	keikoku suru
día (m) de descanso	定休日	teikyū bi
horario (m)	営業時間の看板	eigyō jikan no kanban
horario (m) de apertura	営業時間	eigyō jikan
¡BIENVENIDOS!	ようこそ	yōkoso
ENTRADA	入口	iriguchi
SALIDA	出口	deguchi
EMPUJAR	押す	osu
TIRAR	引く	hiku
ABIERTO	営業中	eigyō chū
CERRADO	休業日	kyūgyōbi
MUJERES	女性	josei
HOMBRES	男性	dansei
REBAJAS	割引	waribiki
SALDOS	バーゲンセール	bāgen sēru
NOVEDAD	新発売！	shin hatsubai!
GRATIS	無料	muryō
¡ATENCIÓN!	ご注意！	go chūi!
COMPLETO	満室	manshitsu
RESERVADO	御予約席	go yoyaku seki
ADMINISTRACIÓN	支配人	shihainin
SÓLO PERSONAL AUTORIZADO	関係者以外立入禁止	kankei sha igai tachīrikinshi
CUIDADO CON EL PERRO	猛犬注意	mōken chūi
PROHIBIDO FUMAR	禁煙	kinen
NO TOCAR	手を触れるな	te wo fureru na
PELIGROSO	危険	kiken
PELIGRO	危険	kiken
ALTA TENSIÓN	高電圧	kō denatsu
PROHIBIDO BAÑARSE	水泳禁止	suiei kinshi
NO FUNCIONA	故障中	koshō chū
INFLAMABLE	可燃性物質	kanen sei busshitsu
PROHIBIDO	禁止	kinshi
PROHIBIDO EL PASO	通り抜け禁止	tōrinuke kinshi
RECIÉN PINTADO	ペンキ塗りたて	penki nuritate

31. Las compras

comprar (vt)	買う	kau
compra (f)	買い物	kaimono
hacer compras	買い物に行く	kaimono ni iku
compras (f pl)	ショッピング	shoppingu
estar abierto (tienda)	開いている	hiraite iru
estar cerrado	閉まっている	shimatte iru
calzado (m)	履物	hakimono
ropa (f)	洋服	yōfuku
cosméticos (m pl)	化粧品	keshō hin
productos alimenticios	食料品	shokuryō hin
regalo (m)	土産	miyage
vendedor (m)	店員、売り子	tenin, uriko
vendedora (f)	店員、売り子	tenin, uriko
caja (f)	レジ	reji
espejo (m)	鏡	kagami
mostrador (m)	カウンター	kauntā
probador (m)	試着室	shichaku shitsu
probar (un vestido)	試着する	shichaku suru
quedar (una ropa, etc.)	合う	au
gustar (vi)	好む	konomu
precio (m)	価格	kakaku
etiqueta (f) de precio	値札	nefuda
costar (vt)	かかる	kakaru
¿Cuánto?	いくら？	ikura ?
descuento (m)	割引	waribiki
no costoso (adj)	安価な	anka na
barato (adj)	安い	yasui
caro (adj)	高い	takai
Es caro	それは高い	sore wa takai
alquiler (m)	レンタル	rentaru
alquilar (vt)	レンタルする	rentaru suru
crédito (m)	信用取引	shinyō torihiki
a crédito (adv)	付けで	tsuke de

T&P BOOKS

LA ROPA Y
LOS ACCESORIOS

32. La ropa exterior. Los abrigos
33. Ropa de hombre y mujer
34. La ropa. La ropa interior
35. Gorras
36. El calzado
37. Accesorios personales
38. La ropa. Miscelánea
39. Productos personales. Cosméticos
40. Los relojes

T&P Books Publishing

32. La ropa exterior. Los abrigos

ropa (f)	洋服	yōfuku
ropa (f) de calle	上着	uwagi
ropa (f) de invierno	冬服	fuyu fuku
abrigo (m)	オーバーコート	ōbā kōto
abrigo (m) de piel	毛皮のコート	kegawa no kōto
abrigo (m) corto de piel	毛皮のジャケット	kegawa no jaketto
chaqueta (f) plumón	ダウンコート	daun kōto
cazadora (f)	ジャケット	jaketto
impermeable (m)	レインコート	reinkōto
impermeable (adj)	防水の	bōsui no

33. Ropa de hombre y mujer

camisa (f)	ワイシャツ	waishatsu
pantalones (m pl)	ズボン	zubon
jeans, vaqueros (m pl)	ジーンズ	jīnzu
chaqueta (f), saco (m)	ジャケット	jaketto
traje (m)	背広	sebiro
vestido (m)	ドレス	doresu
falda (f)	スカート	sukāto
blusa (f)	ブラウス	burausu
rebeca (f), chaqueta (f) de punto	ニットジャケット	nitto jaketto
chaqueta (f)	ジャケット	jaketto
camiseta (f) (T-shirt)	Tシャツ	tīshatsu
pantalones (m pl) cortos	半ズボン	han zubon
traje (m) deportivo	トラックスーツ	torakku sūtsu
bata (f) de baño	バスローブ	basurōbu
pijama (m)	パジャマ	pajama
suéter (m)	セーター	sētā
pulóver (m)	プルオーバー	puruōbā
chaleco (m)	ベスト	besuto
frac (m)	燕尾服	enbifuku
esmoquin (m)	タキシード	takishīdo
uniforme (m)	制服	seifuku
ropa (f) de trabajo	作業服	sagyō fuku

| mono (m) | オーバーオール | ōbā ōru |
| bata (f) (p. ej. ~ blanca) | コート | kōto |

34. La ropa. La ropa interior

ropa (f) interior	下着	shitagi
bóxer (m)	ボクサーパンツ	bokusā pantsu
bragas (f pl)	パンティー	pantī
camiseta (f) interior	タンクトップ	tanku toppu
calcetines (m pl)	靴下	kutsushita
camisón (m)	ネグリジェ	negurije
sostén (m)	ブラジャー	burajā
calcetines (m pl) altos	ニーソックス	nīsokkusu
pantimedias (f pl)	パンティストッキング	pantī sutokkingu
medias (f pl)	ストッキング	sutokkingu
traje (m) de baño	水着	mizugi

35. Gorras

gorro (m)	帽子	bōshi
sombrero (m) de fieltro	フェドーラ帽	fedōra bō
gorra (f) de béisbol	野球帽	yakyū bō
gorra (f) plana	ハンチング帽	hanchingu bō
boina (f)	ベレー帽	berē bō
capuchón (m)	フード	fūdo
panamá (m)	パナマ帽	panama bō
gorro (m) de punto	ニット帽	nitto bō
pañuelo (m)	ヘッドスカーフ	heddo sukāfu
sombrero (m) de mujer	婦人帽子	fujin bōshi
casco (m) (~ protector)	安全ヘルメット	anzen herumetto
gorro (m) de campaña	略帽	rya ku bō
casco (m) (~ de moto)	ヘルメット	herumetto
bombín (m)	山高帽	yamataka bō
sombrero (m) de copa	シルクハット	shiruku hatto

36. El calzado

calzado (m)	靴	kutsu
botas (f pl)	アンクルブーツ	ankuru būtsu
zapatos (m pl) (~ de tacón bajo)	パンプス	panpusu

| botas (f pl) altas | ブーツ | būtsu |
| zapatillas (f pl) | スリッパ | surippa |

tenis (m pl)	テニスシューズ	tenisu shūzu
zapatillas (f pl) de lona	スニーカー	sunīkā
sandalias (f pl)	サンダル	sandaru

zapatero (m)	靴修理屋	kutsu shūri ya
tacón (m)	かかと [踵]	kakato
par (m)	靴一足	kutsu issoku

cordón (m)	靴ひも	kutsu himo
encordonar (vt)	靴ひもを結ぶ	kutsu himo wo musubu
calzador (m)	靴べら	kutsubera
betún (m)	靴クリーム	kutsu kurīmu

37. Accesorios personales

guantes (m pl)	手袋	tebukuro
manoplas (f pl)	ミトン	miton
bufanda (f)	マフラー	mafurā

gafas (f pl)	めがね [眼鏡]	megane
montura (f)	めがねのふち	megane no fuchi
paraguas (m)	傘	kasa
bastón (m)	杖	tsue
cepillo (m) de pelo	ヘアブラシ	hea burashi
abanico (m)	扇子	sensu

corbata (f)	ネクタイ	nekutai
pajarita (f)	蝶ネクタイ	chō nekutai
tirantes (m pl)	サスペンダー	sasupendā
moquero (m)	ハンカチ	hankachi

peine (m)	くし [櫛]	kushi
pasador (m) de pelo	髪留め	kami tome
horquilla (f)	ヘアピン	hea pin
hebilla (f)	バックル	bakkuru
cinturón (m)	ベルト	beruto
correa (f) (de bolso)	ショルダーベルト	shorudā beruto
bolsa (f)	バッグ	baggu
bolso (m)	ハンドバッグ	hando baggu
mochila (f)	バックパック	bakku pakku

38. La ropa. Miscelánea

| moda (f) | ファッション | fasshon |
| de moda (adj) | 流行の | ryūkō no |

diseñador (m) de moda	ファッションデザイナー	fasshon dezainā
cuello (m)	襟	eri
bolsillo (m)	ポケット	poketto
de bolsillo (adj)	ポケットの	poketto no
manga (f)	袖	sode
presilla (f)	ハンガーループ	hangā rūpu
bragueta (f)	ズボンのファスナー	zubon no fasunā
cremallera (f)	チャック	chakku
cierre (m)	ファスナー	fasunā
botón (m)	ボタン	botan
ojal (m)	ボタンの穴	botan no ana
saltar (un botón)	取れる	toreru
coser (vi, vt)	縫う	nū
bordar (vt)	刺繍する	shishū suru
bordado (m)	刺繍	shishū
aguja (f)	縫い針	nui bari
hilo (m)	糸	ito
costura (f)	縫い目	nuime
ensuciarse (vr)	汚れる	yogoreru
mancha (f)	染み	shimi
arrugarse (vr)	しわになる	shiwa ni naru
rasgar (vt)	引き裂く	hikisaku
polilla (f)	コイガ	koi ga

39. Productos personales. Cosméticos

pasta (f) de dientes	歯磨き粉	hamigakiko
cepillo (m) de dientes	歯ブラシ	haburashi
limpiarse los dientes	歯を磨く	ha wo migaku
maquinilla (f) de afeitar	カミソリ［剃刀］	kamisori
crema (f) de afeitar	シェービングクリーム	shēbingu kurīmu
afeitarse (vr)	ひげを剃る	hige wo soru
jabón (m)	せっけん［石鹸］	sekken
champú (m)	シャンプー	shanpū
tijeras (f pl)	はさみ	hasami
lima (f) de uñas	爪やすり	tsume yasuri
cortaúñas (m pl)	爪切り	tsume giri
pinzas (f pl)	ピンセット	pinsetto
cosméticos (m pl)	化粧品	keshō hin
mascarilla (f)	フェイスパック	feisu pakku
manicura (f)	マニキュア	manikyua
hacer la manicura	マニキュアをしてもらう	manikyua wo shi te morau
pedicura (f)	ペディキュア	pedikyua

bolsa (f) de maquillaje	化粧ポーチ	keshō pōchi
polvos (m pl)	フェイスパウダー	feisu pauda
polvera (f)	ファンデーション	fandēshon
colorete (m), rubor (m)	チーク	chīku
perfume (m)	香水	kōsui
agua (f) de tocador	オードトワレ	ōdotoware
loción (f)	ローション	rō shon
agua (f) de Colonia	オーデコロン	ōdekoron
sombra (f) de ojos	アイシャドウ	aishadō
lápiz (m) de ojos	アイライナー	airainā
rímel (m)	マスカラ	masukara
pintalabios (m)	口紅	kuchibeni
esmalte (m) de uñas	ネイルポリッシュ	neiru porisshu
fijador (m) para el pelo	ヘアスプレー	hea supurē
desodorante (m)	デオドラント	deodoranto
crema (f)	クリーム	kurīmu
crema (f) de belleza	フェイスクリーム	feisu kurīmu
crema (f) de manos	ハンドクリーム	hando kurīmu
crema (f) antiarrugas	しわ取りクリーム	shiwa tori kurīmu
crema (f) de día	昼用クリーム	hiruyō kurīmu
crema (f) de noche	夜用クリーム	yoruyō kurīmu
de día (adj)	昼用…	hiruyō …
de noche (adj)	夜用…	yoruyō …
tampón (m)	タンポン	tanpon
papel (m) higiénico	トイレットペーパー	toiretto pēpā
secador (m) de pelo	ヘアドライヤー	hea doraiyā

40. Los relojes

reloj (m)	時計	tokei
esfera (f)	ダイヤル	daiyaru
aguja (f)	針	hari
pulsera (f)	金属ベルト	kinzoku beruto
correa (f) (del reloj)	腕時計バンド	udedokei bando
pila (f)	電池	denchi
descargarse (vr)	切れる	kireru
cambiar la pila	電池を交換する	denchi wo kōkan suru
adelantarse (vr)	進んでいる	susundeiru
retrasarse (vr)	遅れている	okureteiru
reloj (m) de pared	掛け時計	kakedokei
reloj (m) de arena	砂時計	sunadokei
reloj (m) de sol	日時計	hidokei
despertador (m)	目覚まし時計	mezamashi dokei

| relojero (m) | 時計職人 | tokei shokunin |
| reparar (vt) | 修理する | shūri suru |

T&P BOOKS

LA EXPERIENCIA DIARIA

41. El dinero
42. La oficina de correos
43. La banca
44. El teléfono. Las conversaciones
     telefónicas
45. El teléfono celular
46. Los artículos de escritorio.
La papelería
47. Los idiomas extranjeros

T&P Books Publishing

41. El dinero

dinero (m)	お金	okane
cambio (m)	両替	ryōgae
curso (m)	為替レート	kawase rēto
cajero (m) automático	ATM	ētīemu
moneda (f)	コイン	koin
dólar (m)	ドル	doru
euro (m)	ユーロ	yūro
lira (f)	リラ	rira
marco (m) alemán	ドイツマルク	doitsu maruku
franco (m)	フラン	furan
libra esterlina (f)	スターリング・ポンド	sutāringu pondo
yen (m)	円	en
deuda (f)	債務	saimu
deudor (m)	債務者	saimu sha
prestar (vt)	貸す	kasu
tomar prestado	借りる	kariru
banco (m)	銀行	ginkō
cuenta (f)	口座	kōza
ingresar (~ en la cuenta)	預金する	yokin suru
ingresar en la cuenta	口座に預金する	kōza ni yokin suru
sacar de la cuenta	引き出す	hikidasu
tarjeta (f) de crédito	クレジットカード	kurejitto kādo
dinero (m) en efectivo	現金	genkin
cheque (m)	小切手	kogitte
sacar un cheque	小切手を書く	kogitte wo kaku
talonario (m)	小切手帳	kogitte chō
cartera (f)	財布	saifu
monedero (m)	小銭入れ	kozeni ire
caja (f) fuerte	金庫	kinko
heredero (m)	相続人	sōzokunin
herencia (f)	相続	sōzoku
fortuna (f)	財産	zaisan
arriendo (m)	賃貸	chintai
alquiler (m) (dinero)	家賃	yachin
alquilar (~ una casa)	借りる	kariru
precio (m)	価格	kakaku

coste (m)	費用	hiyō
suma (f)	合計金額	gōkei kingaku
gastar (vt)	お金を使う	okane wo tsukau
gastos (m pl)	出費	shuppi
economizar (vi, vt)	倹約する	kenyaku suru
económico (adj)	節約の	setsuyaku no
pagar (vi, vt)	払う	harau
pago (m)	支払い	shiharai
cambio (m) (devolver el ~)	おつり	o tsuri
impuesto (m)	税	zei
multa (f)	罰金	bakkin
multar (vt)	罰金を科す	bakkin wo kasu

42. La oficina de correos

oficina (f) de correos	郵便局	yūbin kyoku
correo (m) (cartas, etc.)	郵便物	yūbin butsu
cartero (m)	郵便配達人	yūbin haitatsu jin
horario (m) de apertura	営業時間	eigyō jikan
carta (f)	手紙	tegami
carta (f) certificada	書留郵便	kakitome yūbin
tarjeta (f) postal	はがき［葉書］	hagaki
telegrama (m)	電報	denpō
paquete (m) postal	小包	kozutsumi
giro (m) postal	送金	sōkin
recibir (vt)	受け取る	uketoru
enviar (vt)	送る	okuru
envío (m)	送信	sōshin
dirección (f)	住所	jūsho
código (m) postal	郵便番号	yūbin bangō
expedidor (m)	送り主	okurinushi
destinatario (m)	受取人	uketorinin
nombre (m)	名前	namae
apellido (m)	姓	sei
tarifa (f)	郵便料金	yūbin ryōkin
ordinario (adj)	通常の	tsūjō no
económico (adj)	エコノミー航空	ekonomīkōkū
peso (m)	重さ	omo sa
pesar (~ una carta)	量る	hakaru
sobre (m)	封筒	fūtō
sello (m)	郵便切手	yūbin kitte
poner un sello	封筒に切手を貼る	fūtō ni kitte wo haru

43. La banca

banco (m)	銀行	ginkō
sucursal (f)	支店	shiten
consultor (m)	銀行員	ginkōin
gerente (m)	長	chō
cuenta (f)	口座	kōza
numero (m) de la cuenta	口座番号	kōza bangō
cuenta (f) corriente	当座預金口座	tōza yokin kōza
cuenta (f) de ahorros	貯蓄預金口座	chochiku yokin kōza
abrir una cuenta	口座を開く	kōza wo hiraku
cerrar la cuenta	口座を解約する	kōza wo kaiyaku suru
ingresar en la cuenta	口座に預金する	kōza ni yokin suru
sacar de la cuenta	引き出す	hikidasu
depósito (m)	預金	yokin
hacer un depósito	預金する	yokin suru
giro (m) bancario	送金	sōkin
hacer un giro	送金する	sōkin suru
suma (f)	合計金額	gōkei kingaku
¿Cuánto?	いくら？	ikura ?
firma (f) (nombre)	署名	shomei
firmar (vt)	署名する	shomei suru
tarjeta (f) de crédito	クレジットカード	kurejitto kādo
código (m)	コード	kōdo
número (m) de tarjeta de crédito	クレジットカード番号	kurejitto kādo bangō
cajero (m) automático	ATM	ētīemu
cheque (m)	小切手	kogitte
sacar un cheque	小切手を書く	kogitte wo kaku
talonario (m)	小切手帳	kogitte chō
crédito (m)	融資	yūshi
pedir el crédito	融資を申し込む	yūshi wo mōshikomu
obtener un crédito	融資を受ける	yūshi wo ukeru
conceder un crédito	融資を行う	yūshi wo okonau
garantía (f)	保障	hoshō

44. El teléfono. Las conversaciones telefónicas

teléfono (m)	電話	denwa
teléfono (m) móvil	携帯電話	keitai denwa

contestador (m)	留守番電話	rusuban denwa
llamar, telefonear	電話する	denwa suru
llamada (f)	電話	denwa

marcar un número	電話番号をダイアルする	denwa bangō wo daiaru suru

¿Sí?, ¿Dígame?	もしもし	moshimoshi
preguntar (vt)	問う	tō
responder (vi, vt)	出る	deru

oír (vt)	聞く	kiku
bien (adv)	良く	yoku
mal (adv)	良くない	yoku nai
ruidos (m pl)	電波障害	denpa shōgai

auricular (m)	受話器	juwaki
descolgar (el teléfono)	電話に出る	denwa ni deru
colgar el auricular	電話を切る	denwa wo kiru

ocupado (adj)	話し中	hanashi chū
sonar (teléfono)	鳴る	naru
guía (f) de teléfonos	電話帳	denwa chō

local (adj)	市内の	shinai no
llamada (f) local	市内電話	shinai denwa
de larga distancia	市外の	shigai no
llamada (f) de larga distancia	市外電話	shigai denwa
internacional (adj)	国際の	kokusai no
llamada (f) internacional	国際電話	kokusai denwa

45. El teléfono celular

teléfono (m) móvil	携帯電話	keitai denwa
pantalla (f)	ディスプレイ	disupurei
botón (m)	ボタン	botan
tarjeta SIM (f)	ＳＩＭカード	shimu kādo

pila (f)	電池	denchi
descargarse (vr)	切れる	kireru
cargador (m)	充電器	jūden ki

menú (m)	メニュー	menyū
preferencias (f pl)	設定	settei
melodía (f)	メロディー	merodī
seleccionar (vt)	選択する	sentaku suru

calculadora (f)	電卓	dentaku
contestador (m)	ボイスメール	boisu mēru
despertador (m)	目覚まし	mezamashi

contactos (m pl)	連絡先	renraku saki
mensaje (m) de texto	テキストメッセージ	tekisuto messēji
abonado (m)	加入者	kanyū sha

46. Los artículos de escritorio. La papelería

| bolígrafo (m) | ボールペン | bōrupen |
| pluma (f) estilográfica | 万年筆 | mannenhitsu |

lápiz (m)	鉛筆	enpitsu
marcador (m)	蛍光ペン	keikō pen
rotulador (m)	フェルトペン	feruto pen

| bloc (m) de notas | メモ帳 | memo chō |
| agenda (f) | 手帳 | techō |

regla (f)	定規	jōgi
calculadora (f)	電卓	dentaku
goma (f) de borrar	消しゴム	keshigomu
chincheta (f)	画鋲	gabyō
clip (m)	ゼムクリップ	zemu kurippu

cola (f), pegamento (m)	糊	nori
grapadora (f)	ホッチキス	hocchikisu
perforador (m)	パンチ	panchi
sacapuntas (m)	鉛筆削り	enpitsu kezuri

47. Los idiomas extranjeros

lengua (f)	言語	gengo
extranjero (adj)	外国の	gaikoku no
lengua (f) extranjera	外国語	gaikoku go
estudiar (vt)	勉強する	benkyō suru
aprender (ingles, etc.)	学ぶ	manabu

leer (vi, vt)	読む	yomu
hablar (vi, vt)	話す	hanasu
comprender (vt)	理解する	rikai suru
escribir (vt)	書く	kaku

rápidamente (adv)	速く	hayaku
lentamente (adv)	ゆっくり	yukkuri
con fluidez (adv)	流ちょうに	ryūchō ni

reglas (f pl)	規則	kisoku
gramática (f)	文法	bunpō
vocabulario (m)	語彙	goi
fonética (f)	音声学	onseigaku

manual (m)	教科書	kyōkasho
diccionario (m)	辞書	jisho
manual (m) autodidáctico	独習書	dokushū sho
guía (f) de conversación	慣用表現集	kanyō hyōgen shū
casete (m)	カセットテープ	kasettotēpu
videocasete (f)	ビデオテープ	bideotēpu
disco compacto, CD (m)	ＣＤ（シーディー）	shīdī
DVD (m)	ＤＶＤ ［ディーブイディー］	dībuidī
alfabeto (m)	アルファベット	arufabetto
deletrear (vt)	スペリングを言う	superingu wo iu
pronunciación (f)	発音	hatsuon
acento (m)	なまり［訛り］	namari
con acento	訛りのある	namari no aru
sin acento	訛りのない	namari no nai
palabra (f)	単語	tango
significado (m)	意味	imi
cursos (m pl)	講座	kōza
inscribirse (vr)	申し込む	mōshikomu
profesor (m) (~ de inglés)	先生	sensei
traducción (f) (proceso)	翻訳	honyaku
traducción (f) (texto)	訳文	yakubun
traductor (m)	翻訳者	honyaku sha
intérprete (m)	通訳者	tsūyaku sha
políglota (m)	ポリグロット	porigurotto
memoria (f)	記憶	kioku

T&P BOOKS

LAS COMIDAS.
EL RESTAURANTE

48. Los cubiertos
49. El restaurante
50. Las comidas
51. Los platos
52. La comida
53. Las bebidas
54. Las verduras
55. Las frutas. Las nueces
56. El pan. Los dulces
57. Las especias

T&P Books Publishing

48. Los cubiertos

cuchara (f)	スプーン	supūn
cuchillo (m)	ナイフ	naifu
tenedor (m)	フォーク	fōku
taza (f)	カップ	kappu
plato (m)	皿	sara
platillo (m)	ソーサー	sōsā
servilleta (f)	ナフキン	nafukin
mondadientes (m)	つまようじ ［爪楊枝］	tsumayōji

49. El restaurante

restaurante (m)	レストラン	resutoran
cafetería (f)	喫茶店	kissaten
bar (m)	バブ、バー	pabu, bā
salón (m) de té	喫茶店	kissaten
camarero (m)	ウェイター	weitā
camarera (f)	ウェートレス	wētoresu
barman (m)	バーテンダー	bātendā
carta (f), menú (m)	メニュー	menyū
carta (f) de vinos	ワインリスト	wain risuto
reservar una mesa	テーブルを予約する	tēburu wo yoyaku suru
plato (m)	料理	ryōri
pedir (vt)	注文する	chūmon suru
hacer un pedido	注文する	chūmon suru
aperitivo (m)	アペリティフ	aperitifu
entremés (m)	前菜	zensai
postre (m)	デザート	dezāto
cuenta (f)	お勘定	okanjō
pagar la cuenta	勘定を払う	kanjō wo harau
dar la vuelta	釣り銭を渡す	tsurisen wo watasu
propina (f)	チップ	chippu

50. Las comidas

comida (f)	食べ物	tabemono
comer (vi, vt)	食べる	taberu

desayuno (m)	朝食	chōshoku
desayunar (vi)	朝食をとる	chōshoku wo toru
almuerzo (m)	昼食	chūshoku
almorzar (vi)	昼食をとる	chūshoku wo toru
cena (f)	夕食	yūshoku
cenar (vi)	夕食をとる	yūshoku wo toru

apetito (m)	食欲	shokuyoku
¡Que aproveche!	どうぞお召し上がり	dōzo
	下さい！	o meshiagarikudasai!

abrir (vt)	開ける	akeru
derramar (líquido)	こぼす	kobosu
derramarse (líquido)	こぼれる	koboreru

hervir (vi)	沸く	waku
hervir (vt)	沸かす	wakasu
hervido (agua ~a)	沸騰させた	futtō sase ta
enfriar (vt)	冷やす	hiyasu
enfriarse (vr)	冷える	hieru

| sabor (m) | 味 | aji |
| regusto (m) | 後味 | atoaji |

adelgazar (vi)	ダイエットをする	daietto wo suru
dieta (f)	ダイエット	daietto
vitamina (f)	ビタミン	bitamin
caloría (f)	カロリー	karorī
vegetariano (m)	ベジタリアン	bejitarian
vegetariano (adj)	ベジタリアン用の	bejitarian yōno

grasas (f pl)	脂肪	shibō
proteínas (f pl)	タンパク質［蛋白質］	tanpaku shitsu
carbohidratos (m pl)	炭水化物	tansuikabutsu
loncha (f)	スライス	suraisu
pedazo (m)	一切れ	ichi kire
miga (f)	くず	kuzu

51. Los platos

plato (m)	料理	ryōri
cocina (f)	料理	ryōri
receta (f)	レシピ	reshipi
porción (f)	一人前	ichi ninmae

| ensalada (f) | サラダ | sarada |
| sopa (f) | スープ | sūpu |

| caldo (m) | ブイヨン | buiyon |
| bocadillo (m) | サンドイッチ | sandoicchi |

huevos (m pl) fritos	目玉焼き	medamayaki
hamburguesa (f)	ハンバーガー	hanbāgā
bistec (m)	ビーフステーキ	bīfusutēki
guarnición (f)	付け合わせ	tsukeawase
espagueti (m)	スパゲッティ	supagetti
puré (m) de patatas	マッシュポテト	masshupoteto
pizza (f)	ピザ	piza
gachas (f pl)	ポリッジ	porijji
tortilla (f) francesa	オムレツ	omuretsu
cocido en agua (adj)	煮た	ni ta
ahumado (adj)	薫製の	kunsei no
frito (adj)	揚げた	age ta
seco (adj)	干した	hoshi ta
congelado (adj)	冷凍の	reitō no
marinado (adj)	酢漬けの	suzuke no
azucarado, dulce (adj)	甘い	amai
salado (adj)	塩味の	shioaji no
frío (adj)	冷たい	tsumetai
caliente (adj)	熱い	atsui
amargo (adj)	苦い	nigai
sabroso (adj)	美味しい	oishī
cocer en agua	水で煮る	mizu de niru
preparar (la cena)	料理をする	ryōri wo suru
freír (vt)	揚げる	ageru
calentar (vt)	温める	atatameru
salar (vt)	塩をかける	shio wo kakeru
poner pimienta	コショウをかける	koshō wo kakeru
rallar (vt)	すりおろす	suri orosu
piel (f)	皮	kawa
pelar (vt)	皮をむく	kawa wo muku

52. La comida

carne (f)	肉	niku
gallina (f)	鶏	niwatori
pollo (m)	若鶏	wakadori
pato (m)	ダック	dakku
ganso (m)	ガチョウ	gachō
caza (f) menor	獲物	emono
pava (f)	七面鳥	shichimenchuō
carne (f) de cerdo	豚肉	buta niku
carne (f) de ternera	子牛肉	kōshi niku
carne (f) de carnero	子羊肉	kohitsuji niku
carne (f) de vaca	牛肉	gyū niku

conejo (m)	兎肉	usagi niku
salchichón (m)	ソーセージ	sōsēji
salchicha (f)	ソーセージ	sōsēji
beicon (m)	ベーコン	bēkon
jamón (m)	ハム	hamu
jamón (m) fresco	ガモン	gamon
paté (m)	パテ	pate
hígado (m)	レバー	rebā
carne (f) picada	挽肉	hikiniku
lengua (f)	タン	tan
huevo (m)	卵	tamago
huevos (m pl)	卵	tamago
clara (f)	卵の白身	tamago no shiromi
yema (f)	卵の黄身	tamago no kimi
pescado (m)	魚	sakana
mariscos (m pl)	魚介	gyokai
caviar (m)	キャビア	kyabia
cangrejo (m) de mar	カニ [蟹]	kani
camarón (m)	エビ	ebi
ostra (f)	カキ [牡蠣]	kaki
langosta (f)	伊勢エビ	ise ebi
pulpo (m)	タコ	tako
calamar (m)	イカ	ika
esturión (m)	チョウザメ	chōzame
salmón (m)	サケ [鮭]	sake
fletán (m)	ハリバット	haribatto
bacalao (m)	タラ [鱈]	tara
caballa (f)	サバ [鯖]	saba
atún (m)	マグロ [鮪]	maguro
anguila (f)	ウナギ [鰻]	unagi
trucha (f)	マス [鱒]	masu
sardina (f)	イワシ	iwashi
lucio (m)	カワカマス	kawakamasu
arenque (m)	ニシン	nishin
pan (m)	パン	pan
queso (m)	チーズ	chīzu
azúcar (m)	砂糖	satō
sal (f)	塩	shio
arroz (m)	米	kome
macarrones (m pl)	パスタ	pasuta
tallarines (m pl)	麺	men
mantequilla (f)	バター	batā
aceite (m) vegetal	植物油	shokubutsu yu

aceite (m) de girasol	ひまわり油	himawari yu
margarina (f)	マーガリン	māgarin
olivas, aceitunas (f pl)	オリーブ	orību
aceite (m) de oliva	オリーブ油	orību yu
leche (f)	乳、ミルク	nyū, miruku
leche (f) condensada	練乳	rennyū
yogur (m)	ヨーグルト	yōguruto
nata (f) agria	サワークリーム	sawā kurīmu
nata (f) líquida	クリーム	kurīmu
mayonesa (f)	マヨネーズ	mayonēzu
crema (f) de mantequilla	バタークリーム	batā kurīmu
cereales (m pl) integrales	穀物	kokumotsu
harina (f)	小麦粉	komugiko
conservas (f pl)	缶詰	kanzume
copos (m pl) de maíz	コーンフレーク	kōn furēku
miel (f)	蜂蜜	hachimitsu
confitura (f)	ジャム	jamu
chicle (m)	チューインガム	chūin gamu

53. Las bebidas

agua (f)	水	mizu
agua (f) potable	飲用水	inyō sui
agua (f) mineral	ミネラルウォーター	mineraru wōtā
sin gas	無炭酸の	mu tansan no
gaseoso (adj)	炭酸の	tansan no
con gas	発泡性の	happō sei no
hielo (m)	氷	kōri
con hielo	氷入りの	kōri iri no
sin alcohol	ノンアルコールの	non arukŌru no
bebida (f) sin alcohol	炭酸飲料	tansan inryō
refresco (m)	清涼飲料水	seiryŌinryŌsui
limonada (f)	レモネード	remonēdo
bebidas (f pl) alcohólicas	アルコール	arukŌru
vino (m)	ワイン	wain
vino (m) blanco	白ワイン	shiro wain
vino (m) tinto	赤ワイン	aka wain
licor (m)	リキュール	rikyūru
champaña (f)	シャンパン	shanpan
vermú (m)	ベルモット	berumotto
whisky (m)	ウイスキー	uisukī

vodka (m)	ウォッカ	wokka
ginebra (f)	ジン	jin
coñac (m)	コニャック	konyakku
ron (m)	ラム酒	ramu shu

café (m)	コーヒー	kōhī
café (m) solo	ブラックコーヒー	burakku kōhī
café (m) con leche	ミルク入りコーヒー	miruku iri kōhī
capuchino (m)	カプチーノ	kapuchīno
café (m) soluble	インスタントコーヒー	insutanto kōhī

leche (f)	乳、ミルク	nyū, miruku
cóctel (m)	カクテル	kakuteru
batido (m)	ミルクセーキ	miruku sēki

zumo (m), jugo (m)	ジュース	jūsu
jugo (m) de tomate	トマトジュース	tomato jūsu
zumo (m) de naranja	オレンジジュース	orenji jūsu
zumo (m) fresco	搾りたてのジュース	shibori tate no jūsu

cerveza (f)	ビール	bīru
cerveza (f) rubia	ライトビール	raito bīru
cerveza (f) negra	黒ビール	kuro bīru

té (m)	茶	cha
té (m) negro	紅茶	kō cha
té (m) verde	緑茶	ryoku cha

54. Las verduras

| legumbres (f pl) | 野菜 | yasai |
| verduras (f pl) | 青物 | aomono |

tomate (m)	トマト	tomato
pepino (m)	きゅうり［胡瓜］	kyūri
zanahoria (f)	ニンジン［人参］	ninjin
patata (f)	ジャガイモ	jagaimo
cebolla (f)	たまねぎ［玉葱］	tamanegi
ajo (m)	ニンニク	ninniku

col (f)	キャベツ	kyabetsu
coliflor (f)	カリフラワー	karifurawā
col (f) de Bruselas	メキャベツ	mekyabetsu
brócoli (m)	ブロッコリー	burokkorī

remolacha (f)	テーブルビート	tēburu bīto
berenjena (f)	ナス	nasu
calabacín (m)	ズッキーニ	zukkīni
calabaza (f)	カボチャ	kabocha
nabo (m)	カブ	kabu

perejil (m)	パセリ	paseri
eneldo (m)	ディル	diru
lechuga (f)	レタス	retasu
apio (m)	セロリ	serori
espárrago (m)	アスパラガス	asuparagasu
espinaca (f)	ホウレンソウ	hōrensō
guisante (m)	エンドウ	endō
habas (f pl)	豆類	mamerui
maíz (m)	トウモロコシ	tōmorokoshi
fréjol (m)	金時豆	kintoki mame
pimiento (m) dulce	コショウ	koshō
rábano (m)	ハツカダイコン	hatsukadaikon
alcachofa (f)	アーティチョーク	ātichōku

55. Las frutas. Las nueces

fruto (m)	果物	kudamono
manzana (f)	リンゴ	ringo
pera (f)	洋梨	yōnashi
limón (m)	レモン	remon
naranja (f)	オレンジ	orenji
fresa (f)	イチゴ（苺）	ichigo
mandarina (f)	マンダリン	mandarin
ciruela (f)	プラム	puramu
melocotón (m)	モモ［桃］	momo
albaricoque (m)	アンズ［杏子］	anzu
frambuesa (f)	ラズベリー（木苺）	razuberī
piña (f)	パイナップル	painappuru
banana (f)	バナナ	banana
sandía (f)	スイカ	suika
uva (f)	ブドウ［葡萄］	budō
guinda (f), cereza (f)	チェリー	cherī
guinda (f)	サワー チェリー	sawā cherī
cereza (f)	スイート チェリー	suīto cherī
melón (m)	メロン	meron
pomelo (m)	グレープフルーツ	gurēbu furūtsu
aguacate (m)	アボカド	abokado
papaya (f)	パパイヤ	papaiya
mango (m)	マンゴー	mangō
granada (f)	ザクロ	zakuro
grosella (f) roja	フサスグリ	fusa suguri
grosella (f) negra	クロスグリ	kuro suguri
grosella (f) espinosa	セイヨウスグリ	seiyō suguri
arándano (m)	ビルベリー	biruberī

zarzamoras (f pl)	ブラックベリー	burakku berī
pasas (f pl)	レーズン	rēzun
higo (m)	イチジク	ichijiku
dátil (m)	デーツ	dētsu

cacahuete (m)	ピーナッツ	pīnattsu
almendra (f)	アーモンド	āmondo
nuez (f)	クルミ（胡桃）	kurumi
avellana (f)	ヘーゼルナッツ	hēzeru nattsu
nuez (f) de coco	ココナッツ	koko nattsu
pistachos (m pl)	ピスタチオ	pisutachio

56. El pan. Los dulces

pasteles (m pl)	菓子類	kashi rui
pan (m)	パン	pan
galletas (f pl)	クッキー	kukkī

chocolate (m)	チョコレート	chokorēto
de chocolate (adj)	チョコレートの	chokorēto no
caramelo (m)	キャンディー	kyandī
tarta (f) (pequeña)	ケーキ	kēki
tarta (f) (~ de cumpleaños)	ケーキ	kēki

| tarta (f) (~ de manzana) | パイ | pai |
| relleno (m) | フィリング | firingu |

confitura (f)	ジャム	jamu
mermelada (f)	マーマレード	māmarēdo
gofre (m)	ワッフル	waffuru
helado (m)	アイスクリーム	aisukurīmu
pudin (m)	プディング	pudingu

57. Las especias

sal (f)	塩	shio
salado (adj)	塩味の	shioaji no
salar (vt)	塩をかける	shio wo kakeru

pimienta (f) negra	黒コショウ	kuro koshō
pimienta (f) roja	赤唐辛子	aka tōgarashi
mostaza (f)	マスタード	masutādo
rábano (m) picante	セイヨウワサビ	seiyō wasabi

condimento (m)	調味料	chōmiryō
especia (f)	香辛料	kōshinryō
salsa (f)	ソース	sōsu
vinagre (m)	酢、ビネガー	su, binegā

anís (m)	アニス	anisu
albahaca (f)	バジル	bajiru
clavo (m)	クローブ	kurōbu
jengibre (m)	生姜、ジンジャー	shōga, jinjā
cilantro (m)	コリアンダー	koriandā
canela (f)	シナモン	shinamon
sésamo (m)	ゴマ［胡麻］	goma
hoja (f) de laurel	ローリエ	rōrie
paprika (f)	パプリカ	papurika
comino (m)	キャラウェイ	kyarawei
azafrán (m)	サフラン	safuran

T&P BOOKS

LA INFORMACIÓN PERSONAL. LA FAMILIA

58. La información personal.
Los formularios
59. Los familiares. Los parientes
60. Los amigos. Los compañeros
del trabajo

T&P Books Publishing

58. La información personal. Los formularios

nombre (m)	名前	namae
apellido (m)	姓	sei
fecha (f) de nacimiento	誕生日	tanjō bi
lugar (m) de nacimiento	出生地	shusseichi
nacionalidad (f)	国籍	kokuseki
domicilio (m)	住所	jūsho
país (m)	国	kuni
profesión (f)	職業	shokugyō
sexo (m)	性	sei
estatura (f)	身長	shinchō
peso (m)	体重	taijū

59. Los familiares. Los parientes

madre (f)	母親	hahaoya
padre (m)	父親	chichioya
hijo (m)	息子	musuko
hija (f)	娘	musume
hija (f) menor	下の娘	shitano musume
hijo (m) menor	下の息子	shitano musuko
hija (f) mayor	長女	chōjo
hijo (m) mayor	長男	chōnan
hermano (m)	兄、弟、兄弟	ani, otōto, kyoōdai
hermano (m) mayor	兄	ani
hermano (m) menor	弟	otōto
hermana (f)	姉、妹、姉妹	ane, imōto, shimai
hermana (f) mayor	姉	ane
hermana (f) menor	妹	imōto
primo (m)	従兄弟	itoko
prima (f)	従姉妹	itoko
mamá (f)	お母さん	okāsan
papá (m)	お父さん	otōsan
padres (pl)	親	oya
niño -a (m, f)	子供	kodomo
niños (pl)	子供	kodomo
abuela (f)	祖母	sobo
abuelo (m)	祖父	sofu

nieto (m)	孫息子	mago musuko
nieta (f)	孫娘	mago musume
nietos (pl)	孫	mago
tío (m)	伯父	oji
tía (f)	伯母	oba
sobrino (m)	甥	oi
sobrina (f)	姪	mei
suegra (f)	妻の母親	tsuma no hahaoya
suegro (m)	義父	gifu
yerno (m)	娘の夫	musume no otto
madrastra (f)	継母	keibo
padrastro (m)	継父	keifu
niño (m) de pecho	乳児	nyūji
bebé (m)	赤ん坊	akanbō
chico (m)	子供	kodomo
mujer (f)	妻	tsuma
marido (m)	夫	otto
esposo (m)	配偶者	haigū sha
esposa (f)	配偶者	haigū sha
casado (adj)	既婚の	kikon no
casada (adj)	既婚の	kikon no
soltero (adj)	独身の	dokushin no
soltero (m)	独身男性	dokushin dansei
divorciado (adj)	離婚した	rikon shi ta
viuda (f)	未亡人	mibōjin
viudo (m)	男やもめ	otokoyamome
pariente (m)	親戚	shinseki
pariente (m) cercano	近い親戚	chikai shinseki
pariente (m) lejano	遠い親戚	tōi shinseki
parientes (pl)	親族	shinzoku
huérfano (m), huérfana (f)	孤児	koji
tutor (m)	後見人	kōkennin
adoptar (un niño)	養子にする	yōshi ni suru
adoptar (una niña)	養女にする	yōjo ni suru

60. Los amigos. Los compañeros del trabajo

amigo (m)	友達	tomodachi
amiga (f)	友達	tomodachi
amistad (f)	友情	yūjō
ser amigo	友達だ	tomodachi da
amigote (m)	友達	tomodachi
amiguete (f)	女友達	onna tomodachi

compañero (m)	パートナー	pātonā
jefe (m)	長	chō
superior (m)	上司、上役	jōshi, uwayaku
propietario (m)	経営者	keieisha
subordinado (m)	部下	buka
colega (m, f)	同僚	dōryō
conocido (m)	知り合い	shiriai
compañero (m) de viaje	同調者	dōchō sha
condiscípulo (m)	クラスメート	kurasumēto
vecino (m)	隣人、近所	rinjin, kinjo
vecina (f)	隣人、近所	rinjin, kinjo
vecinos (pl)	隣人	rinjin

T&P BOOKS

EL CUERPO. LA MEDICINA

61. La cabeza
62. El cuerpo
63. Las enfermedades
64. Los síntomas. Los tratamientos. Unidad 1
65. Los síntomas. Los tratamientos. Unidad 2
66. Los síntomas. Los tratamientos. Unidad 3
67. La medicina. Las drogas. Los accesorios

T&P Books Publishing

cabeza (f)	頭	atama
cara (f)	顔	kao
nariz (f)	鼻	hana
boca (f)	口	kuchi
ojo (m)	眼	me
ojos (m pl)	両眼	ryōgan
pupila (f)	瞳	hitomi
ceja (f)	眉	mayu
pestaña (f)	まつげ	matsuge
párpado (m)	まぶた	mabuta
lengua (f)	舌	shita
diente (m)	歯	ha
labios (m pl)	唇	kuchibiru
pómulos (m pl)	頬骨	hōbone
encía (f)	歯茎	haguki
paladar (m)	口蓋	kōgai
ventanas (f pl)	鼻孔	bikō
mentón (m)	あご（頤）	ago
mandíbula (f)	顎	ago
mejilla (f)	頬	hō
frente (f)	額	hitai
sien (f)	こめかみ	komekami
oreja (f)	耳	mimi
nuca (f)	後頭部	kōtōbu
cuello (m)	首	kubi
garganta (f)	喉	nodo
pelo, cabello (m)	髪の毛	kaminoke
peinado (m)	髪形	kamigata
corte (m) de pelo	髪型	kamigata
peluca (f)	かつら	katsura
bigote (m)	口ひげ	kuchihige
barba (f)	あごひげ	agohige
tener (~ la barba)	生やしている	hayashi te iru
trenza (f)	三つ編み	mitsu ami
patillas (f pl)	もみあげ	momiage
pelirrojo (adj)	赤毛の	akage no
gris, canoso (adj)	白髪の	hakuhatsu no

| calvo (adj) | はげ頭の | hageatama no |
| calva (f) | はげた部分 | hage ta bubun |

| cola (f) de caballo | ポニーテール | ponītēru |
| flequillo (m) | 前髪 | maegami |

62. El cuerpo

| mano (f) | 手 | te |
| brazo (m) | 腕 | ude |

dedo (m)	指	yubi
dedo (m) del pie	つま先	tsumasaki
dedo (m) pulgar	親指	oyayubi
dedo (m) meñique	小指	koyubi
uña (f)	爪	tsume

puño (m)	拳	kobushi
palma (f)	手のひら	tenohira
muñeca (f)	手首	tekubi
antebrazo (m)	前腕	zen wan
codo (m)	肘	hiji
hombro (m)	肩	kata

pierna (f)	足 ［脚］	ashi
planta (f)	足	ashi
rodilla (f)	膝	hiza
pantorrilla (f)	ふくらはぎ	fuku ra hagi

| cadera (f) | 腰 | koshi |
| talón (m) | かかと ［踵］ | kakato |

cuerpo (m)	身体	shintai
vientre (m)	腹	hara
pecho (m)	胸	mune
seno (m)	乳房	chibusa
lado (m), costado (m)	脇腹	wakibara
espalda (f)	背中	senaka

| zona (f) lumbar | 腰背部 | yōwa ibu |
| cintura (f), talle (m) | 腰 | koshi |

ombligo (m)	へそ ［臍］	heso
nalgas (f pl)	臀部	denbu
trasero (m)	尻	shiri

lunar (m)	美人ぼくろ	bijinbokuro
marca (f) de nacimiento	母斑	bohan
tatuaje (m)	タトゥー	tatū
cicatriz (f)	傷跡	kizuato

63. Las enfermedades

enfermedad (f)	病気	byōki
estar enfermo	病気になる	byōki ni naru
salud (f)	健康	kenkō
resfriado (m) (coriza)	鼻水	hanamizu
angina (f)	狭心症	kyōshinshō
resfriado (m)	風邪	kaze
resfriarse (vr)	風邪をひく	kaze wo hiku
bronquitis (f)	気管支炎	kikanshien
pulmonía (f)	肺炎	haien
gripe (f)	インフルエンザ	infuruenza
miope (adj)	近視の	kinshi no
présbita (adj)	遠視の	enshi no
estrabismo (m)	斜視	shashi
estrábico (m) (adj)	斜視の	shashi no
catarata (f)	白内障	hakunaishō
glaucoma (m)	緑内障	ryokunaishō
insulto (m)	脳卒中	nōsocchū
ataque (m) cardiaco	心臓発作	shinzō hossa
infarto (m) de miocardio	心筋梗塞	shinkinkōsoku
parálisis (f)	まひ［麻痺］	mahi
paralizar (vt)	まひさせる	mahi saseru
alergia (f)	アレルギー	arerugī
asma (f)	ぜんそく［喘息］	zensoku
diabetes (f)	糖尿病	tōnyō byō
dolor (m) de muelas	歯痛	shitsū
caries (f)	カリエス	kariesu
diarrea (f)	下痢	geri
estreñimiento (m)	便秘	benpi
molestia (f) estomacal	胃のむかつき	i no mukatsuki
envenenamiento (m)	食中毒	shokuchūdoku
envenenarse (vr)	食中毒にかかる	shokuchūdoku ni kakaru
artritis (f)	関節炎	kansetsu en
raquitismo (m)	くる病	kuru yamai
reumatismo (m)	リューマチ	ryūmachi
ateroesclerosis (f)	アテローム性動脈硬化	ate rōmu sei dōmyaku kōka
gastritis (f)	胃炎	ien
apendicitis (f)	虫垂炎	chūsuien
colecistitis (f)	胆嚢炎	tannō en
úlcera (f)	潰瘍	kaiyō

sarampión (m)	麻疹	hashika
rubeola (f)	風疹	fūshin
ictericia (f)	黄疸	ōdan
hepatitis (f)	肝炎	kanen
esquizofrenia (f)	統合失調症	tōgō shicchō shō
rabia (f) (hidrofobia)	恐水病	kyōsuibyō
neurosis (f)	神経症	shinkeishō
conmoción (f) cerebral	脳震とう（脳震盪）	nōshintō
cáncer (m)	がん［癌］	gan
esclerosis (f)	硬化症	kōka shō
esclerosis (m) múltiple	多発性硬化症	tahatsu sei kōka shō
alcoholismo (m)	アルコール依存症	arukōru izon shō
alcohólico (m)	アルコール依存症患者	arukōru izon shō kanja
sífilis (f)	梅毒	baidoku
SIDA (m)	エイズ	eizu
tumor (m)	腫瘍	shuyō
maligno (adj)	悪性の	akusei no
benigno (adj)	良性の	ryōsei no
fiebre (f)	発熱	hatsunetsu
malaria (f)	マラリア	mararia
gangrena (f)	壊疽	eso
mareo (m)	船酔い	fune yoi
epilepsia (f)	てんかん［癲癇］	tenkan
epidemia (f)	伝染病	densen byō
tifus (m)	チフス	chifusu
tuberculosis (f)	結核	kekkaku
cólera (f)	コレラ	korera
peste (f)	ペスト	pesuto

64. Los síntomas. Los tratamientos. Unidad 1

síntoma (m)	兆候	chōkō
temperatura (f)	体温	taion
fiebre (f)	熱	netsu
pulso (m)	脈拍	myakuhaku
mareo (m) (vértigo)	目まい［眩暈］	memai
caliente (adj)	熱い	atsui
escalofrío (m)	震え	furue
pálido (adj)	青白い	aojiroi
tos (f)	咳	seki
toser (vi)	咳をする	seki wo suru
estornudar (vi)	くしゃみをする	kushami wo suru

desmayo (m)	気絶	kizetsu
desmayarse (vr)	気絶する	kizetsu suru
moradura (f)	打ち身	uchimi
chichón (m)	たんこぶ	tankobu
golpearse (vr)	あざができる	aza ga dekiru
magulladura (f)	打撲傷	dabokushō
magullarse (vr)	打撲する	daboku suru
cojear (vi)	足を引きずる	ashi wo hikizuru
dislocación (f)	脱臼	dakkyū
dislocar (vt)	脱臼する	dakkyū suru
fractura (f)	骨折	kossetsu
tener una fractura	骨折する	kossetsu suru
corte (m) (tajo)	切り傷	kirikizu
cortarse (vr)	切り傷を負う	kirikizu wo ō
hemorragia (f)	出血	shukketsu
quemadura (f)	火傷	yakedo
quemarse (vr)	火傷する	yakedo suru
pincharse (~ el dedo)	刺す	sasu
pincharse (vr)	自分を刺す	jibun wo sasu
herir (vt)	けがする	kega suru
herida (f)	けが [怪我]	kega
lesión (f) (herida)	負傷	fushō
trauma (m)	外傷	gaishō
delirar (vi)	熱に浮かされる	netsu ni ukasareru
tartamudear (vi)	どもる	domoru
insolación (f)	日射病	nisshabyō

65. Los síntomas. Los tratamientos. Unidad 2

dolor (m)	痛み	itami
astilla (f)	とげ [棘]	toge
sudor (m)	汗	ase
sudar (vi)	汗をかく	ase wo kaku
vómito (m)	嘔吐	ōto
convulsiones (f pl)	けいれん [痙攣]	keiren
embarazada (adj)	妊娠している	ninshin shi te iru
nacer (vi)	生まれる	umareru
parto (m)	分娩	bumben
dar a luz	分娩する	bumben suru
aborto (m)	妊娠中絶	ninshin chūzetsu
respiración (f)	呼吸	kokyū
inspiración (f)	息を吸うこと	iki wo sū koto

espiración (f)	息を吐くこと	iki wo haku koto
espirar (vi)	息を吐く	iki wo haku
inspirar (vi)	息を吸う	iki wo sū
inválido (m)	障害者	shōgai sha
mutilado (m)	身障者	shinshōsha
drogadicto (m)	麻薬中毒者	mayaku chūdoku sha
sordo (adj)	ろうの［聾の］	rō no
mudo (adj)	口のきけない	kuchi no kike nai
sordomudo (adj)	ろうあの［聾唖の］	rōa no
loco (adj)	狂気の	kyōki no
loco (m)	狂人	kyōjin
loca (f)	狂女	kyōjo
volverse loco	気が狂う	ki ga kurū
gen (m)	遺伝子	idenshi
inmunidad (f)	免疫	meneki
hereditario (adj)	遺伝性の	iden sei no
de nacimiento (adj)	先天性の	senten sei no
virus (m)	ウィルス	wirusu
microbio (m)	細菌	saikin
bacteria (f)	バクテリア	bakuteria
infección (f)	伝染	densen

66. Los síntomas. Los tratamientos. Unidad 3

hospital (m)	病院	byōin
paciente (m)	患者	kanja
diagnosis (f)	診断	shindan
cura (f)	療養	ryōyō
tratamiento (m)	治療	chiryō
curarse (vr)	治療を受ける	chiryō wo ukeru
tratar (vt)	治療する	chiryō suru
cuidar (a un enfermo)	看護する	kango suru
cuidados (m pl)	看護	kango
operación (f)	手術	shujutsu
vendar (vt)	包帯をする	hōtai wo suru
vendaje (m)	包帯を巻くこと	hōtai wo maku koto
vacunación (f)	予防接種	yobō sesshu
vacunar (vt)	予防接種をする	yobō sesshu wo suru
inyección (f)	注射	chūsha
aplicar una inyección	注射する	chūsha suru
ataque (m)	発作	hossa
amputación (f)	切断手術	setsudan shujutsu

amputar (vt)	切断する	setsudan suru
coma (m)	昏睡	konsui
estar en coma	昏睡状態になる	konsui jōtai ni naru
revitalización (f)	集中治療	shūchū chiryō
recuperarse (vr)	回復する	kaifuku suru
estado (m) (de salud)	体調	taichō
consciencia (f)	意識	ishiki
memoria (f)	記憶	kioku
extraer (un diente)	抜く	nuku
empaste (m)	詰め物	tsume mono
empastar (vt)	詰め物をする	tsume mono wo suru
hipnosis (f)	催眠術	saimin jutsu
hipnotizar (vt)	催眠術をかける	saimin jutsu wo kakeru

67. La medicina. Las drogas. Los accesorios

medicamento (m), droga (f)	薬	kusuri
remedio (m)	治療薬	chiryō yaku
prescribir (vt)	処方する	shohō suru
receta (f)	処方	shohō
tableta (f)	錠剤	jōzai
ungüento (m)	軟膏	nankō
ampolla (f)	アンプル	anpuru
mixtura (f), mezcla (f)	調合薬	chōgō yaku
sirope (m)	シロップ	shiroppu
píldora (f)	丸剤	gan zai
polvo (m)	粉薬	konagusuri
venda (f)	包帯	hōtai
algodón (m) (discos de ~)	脱脂綿	dasshimen
yodo (m)	ヨード	yōdo
tirita (f), curita (f)	ばんそうこう [絆創膏]	bansōkō
pipeta (f)	アイドロッパー	aidoroppā
termómetro (m)	体温計	taionkei
jeringa (f)	注射器	chūsha ki
silla (f) de ruedas	車椅子	kurumaisu
muletas (f pl)	松葉杖	matsubazue
anestésico (m)	痛み止め	itami tome
purgante (m)	下剤	gezai
alcohol (m)	エタノール	etanoru
hierba (f) medicinal	薬草	yakusō
de hierbas (té ~)	薬草の	yakusō no

EL APARTAMENTO

68. El apartamento
69. Los muebles. El interior
70. Los accesorios de cama
71. La cocina
72. El baño
73. Los aparatos domésticos

T&P Books Publishing

68. El apartamento

apartamento (m)	アパート	apāto
habitación (f)	部屋	heya
dormitorio (m)	寝室	shinshitsu
comedor (m)	食堂	shokudō
salón (m)	居間	ima
despacho (m)	書斎	shosai
antecámara (f)	玄関	genkan
cuarto (m) de baño	浴室	yokushitsu
servicio (m)	トイレ	toire
techo (m)	天井	tenjō
suelo (m)	床	yuka
rincón (m)	隅	sumi

69. Los muebles. El interior

muebles (m pl)	家具	kagu
mesa (f)	テーブル	tēburu
silla (f)	椅子	isu
cama (f)	ベッド	beddo
sofá (m)	ソファ	sofa
sillón (m)	肘掛け椅子	hijikake isu
librería (f)	書棚	shodana
estante (m)	棚	tana
armario (m)	ワードローブ	wādo rōbu
percha (f)	ウォールハンガー	wōru hangā
perchero (m) de pie	コートスタンド	kōto sutando
cómoda (f)	チェスト	chesuto
mesa (f) de café	コーヒーテーブル	kōhī tēburu
espejo (m)	鏡	kagami
tapiz (m)	カーペット	kāpetto
alfombra (f)	マット	matto
chimenea (f)	暖炉	danro
vela (f)	ろうそく	rōsoku
candelero (m)	ろうそく立て	rōsoku date
cortinas (f pl)	カーテン	kāten

empapelado (m)	壁紙	kabegami
estor (m) de láminas	ブラインド	buraindo
lámpara (f) de mesa	テーブルランプ	tēburu ranpu
aplique (m)	ウォールランプ	wōru ranpu
lámpara (f) de pie	フロアスタンド	furoa sutando
lámpara (f) de araña	シャンデリア	shanderia
pata (f) (~ de la mesa)	脚	ashi
brazo (m)	肘掛け	hijikake
espaldar (m)	背もたれ	semotare
cajón (m)	引き出し	hikidashi

70. Los accesorios de cama

ropa (f) de cama	寝具	shingu
almohada (f)	枕	makura
funda (f)	枕カバー	makura kabā
manta (f)	毛布	mōfu
sábana (f)	シーツ	shītsu
sobrecama (f)	ベッドカバー	beddo kabā

71. La cocina

cocina (f)	台所	daidokoro
gas (m)	ガス	gasu
cocina (f) de gas	ガスコンロ	gasu konro
cocina (f) eléctrica	電気コンロ	denki konro
horno (m)	オーブン	ōbun
horno (m) microondas	電子レンジ	denshi renji
frigorífico (m)	冷蔵庫	reizōko
congelador (m)	冷凍庫	reitōko
lavavajillas (m)	食器洗い機	shokkiarai ki
picadora (f) de carne	肉挽き器	niku hiki ki
exprimidor (m)	ジューサー	jūsā
tostador (m)	トースター	tōsutā
batidora (f)	ハンドミキサー	hando mikisā
cafetera (f) (aparato de cocina)	コーヒーメーカー	kōhī mēkā
cafetera (f) (para servir)	コーヒーポット	kōhī potto
molinillo (m) de café	コーヒーグラインダー	kōhī guraindā
hervidor (m) de agua	やかん	yakan
tetera (f)	急須	kyūsu
tapa (f)	蓋 [ふた]	futa

colador (m) de té	茶漉し	chakoshi
cuchara (f)	さじ ［匙］	saji
cucharilla (f)	茶さじ	cha saji
cuchara (f) de sopa	大さじ ［大匙］	ōsaji
tenedor (m)	フォーク	fōku
cuchillo (m)	ナイフ	naifu

vajilla (f)	食器	shokki
plato (m)	皿	sara
platillo (m)	ソーサー	sōsā

vaso (m) de chupito	ショットグラス	shotto gurasu
vaso (m) (~ de agua)	コップ	koppu
taza (f)	カップ	kappu

azucarera (f)	砂糖入れ	satō ire
salero (m)	塩入れ	shio ire
pimentero (m)	胡椒入れ	koshō ire
mantequera (f)	バター皿	batā zara

cacerola (f)	両手鍋	ryō tenabe
sartén (f)	フライパン	furaipan
cucharón (m)	おたま	o tama
colador (m)	水切りボール	mizukiri bōru
bandeja (f)	配膳盆	haizen bon

botella (f)	ボトル	botoru
tarro (m) de vidrio	ジャー、瓶	jā, bin
lata (f)	缶	kan

abrebotellas (m)	栓抜き	sen nuki
abrelatas (m)	缶切り	kankiri
sacacorchos (m)	コルク抜き	koruku nuki
filtro (m)	フィルター	firutā
filtrar (vt)	フィルターにかける	firutā ni kakeru

| basura (f) | ゴミ ［ごみ］ | gomi |
| cubo (m) de basura | ゴミ箱 | gomibako |

72. El baño

cuarto (m) de baño	浴室	yokushitsu
agua (f)	水	mizu
grifo (m)	蛇口	jaguchi
agua (f) caliente	温水	onsui
agua (f) fría	冷水	reisui

pasta (f) de dientes	歯磨き粉	hamigakiko
limpiarse los dientes	歯を磨く	ha wo migaku
cepillo (m) de dientes	歯ブラシ	haburashi

afeitarse (vr)	ひげを剃る	hige wo soru
espuma (f) de afeitar	シェービングフォーム	shēbingu fōmu
maquinilla (f) de afeitar	剃刀	kamisori

lavar (vt)	洗う	arau
darse un baño	風呂に入る	furo ni hairu
ducha (f)	シャワー	shawā
darse una ducha	シャワーを浴びる	shawā wo abiru

bañera (f)	浴槽	yokusō
inodoro (m)	トイレ、便器	toire, benki
lavabo (m)	洗面台	senmen dai

jabón (m)	石鹸	sekken
jabonera (f)	石鹸皿	sekken zara

esponja (f)	スポンジ	suponji
champú (m)	シャンプー	shanpū
toalla (f)	タオル	taoru
bata (f) de baño	バスローブ	basurōbu

colada (f), lavado (m)	洗濯	sentaku
lavadora (f)	洗濯機	sentaku ki
lavar la ropa	洗濯する	sentaku suru
detergente (m) en polvo	洗剤	senzai

73. Los aparatos domésticos

televisor (m)	テレビ	terebi
magnetófono (m)	テープレコーダー	tēpurekōdā
vídeo (m)	ビデオ	bideo
radio (m)	ラジオ	rajio
reproductor (m) (~ MP3)	プレーヤー	purēyā

proyector (m) de vídeo	ビデオプロジェクター	bideo purojekutā
sistema (m) home cinema	ホームシアター	hōmu shiatā
reproductor (m) de DVD	DVDプレーヤー	dībuidī purēyā
amplificador (m)	アンプ	anpu
videoconsola (f)	ゲーム機	gēmu ki

cámara (f) de vídeo	ビデオカメラ	bideo kamera
cámara (f) fotográfica	カメラ	kamera
cámara (f) digital	デジタルカメラ	dejitaru kamera

aspirador (m), aspiradora (f)	掃除機	sōji ki
plancha (f)	アイロン	airon
tabla (f) de planchar	アイロン台	airondai

teléfono (m)	電話	denwa
teléfono (m) móvil	携帯電話	keitai denwa

máquina (f) de escribir	タイプライター	taipuraitā
máquina (f) de coser	ミシン	mishin
micrófono (m)	マイクロフォン	maikurofon
auriculares (m pl)	ヘッドホン	heddohon
mando (m) a distancia	リモコン	rimokon
CD (m)	ＣＤ（シーディー）	shīdī
casete (m)	カセットテープ	kasettotēpu
disco (m) de vinilo	レコード	rekōdo

LA TIERRA. EL TIEMPO

74. El espacio
75. La tierra
76. Los puntos cardinales
77. El mar. El océano
78. Los nombres de los mares y los océanos
79. Las montañas
80. Los nombres de las montañas
81. Los ríos
82. Los nombres de los ríos
83. El bosque
84. Los recursos naturales
85. El tiempo
86. Los eventos climáticos severos. Los desastres naturales

T&P Books Publishing

cosmos (m)	宇宙	uchū
espacial, cósmico (adj)	宇宙の	uchū no
espacio (m) cósmico	宇宙空間	uchū kūkan

mundo (m)	世界	sekai
universo (m)	宇宙	uchū
galaxia (f)	銀河系	gingakei

estrella (f)	星	hoshi
constelación (f)	星座	seiza
planeta (m)	惑星	wakusei
satélite (m)	衛星	eisei

meteorito (m)	隕石	inseki
cometa (m)	彗星	suisei
asteroide (m)	小惑星	shōwakusei

órbita (f)	軌道	kidō
girar (vi)	公転する	kōten suru
atmósfera (f)	大気	taiki

Sol (m)	太陽	taiyō
sistema (m) solar	太陽系	taiyōkei
eclipse (m) de Sol	日食	nisshoku

| Tierra (f) | 地球 | chikyū |
| Luna (f) | 月 | tsuki |

Marte (m)	火星	kasei
Venus (f)	金星	kinsei
Júpiter (m)	木星	mokusei
Saturno (m)	土星	dosei

Mercurio (m)	水星	suisei
Urano (m)	天王星	tennōsei
Neptuno (m)	海王星	kaiōsei
Plutón (m)	冥王星	meiōsei

la Vía Láctea	天の川	amanogawa
la Osa Mayor	おおぐま座	ōguma za
la Estrella Polar	北極星	hokkyokusei

| marciano (m) | 火星人 | kasei jin |
| extraterrestre (m) | 宇宙人 | uchū jin |

| planetícola (m) | 異星人 | i hoshi jin |
| platillo (m) volante | 空飛ぶ円盤 | sora tobu enban |

nave (f) espacial	宇宙船	uchūsen
estación (f) orbital	宇宙ステーション	uchū sutēshon
despegue (m)	打ち上げ	uchiage

motor (m)	エンジン	enjin
tobera (f)	ノズル	nozuru
combustible (m)	燃料	nenryō

carlinga (f)	コックピット	kokkupitto
antena (f)	アンテナ	antena
ventana (f)	舷窓	gensō
batería (f) solar	太陽電池	taiyō denchi
escafandra (f)	宇宙服	uchū fuku

| ingravidez (f) | 無重力 | mu jūryoku |
| oxígeno (m) | 酸素 | sanso |

| atraque (m) | ドッキング | dokkingu |
| realizar el atraque | ドッキングする | dokkingu suru |

observatorio (m)	天文台	tenmondai
telescopio (m)	望遠鏡	bōenkyō
observar (vt)	観察する	kansatsu suru
explorar (~ el universo)	探索する	tansaku suru

75. La tierra

Tierra (f)	地球	chikyū
globo (m) terrestre	世界	sekai
planeta (m)	惑星	wakusei

atmósfera (f)	大気	taiki
geografía (f)	地理学	chiri gaku
naturaleza (f)	自然	shizen

globo (m) terráqueo	地球儀	chikyūgi
mapa (m)	地図	chizu
atlas (m)	地図帳	chizu chō

Europa (f)	ヨーロッパ	yōroppa
Asia (f)	アジア	ajia
África (f)	アフリカ	afurika
Australia (f)	オーストラリア	ōsutoraria

América (f)	アメリカ	amerika
América (f) del Norte	北アメリカ	kita amerika
América (f) del Sur	南アメリカ	minami amerika

| Antártida (f) | 南極大陸 | nankyokutairiku |
| Ártico (m) | 北極 | hokkyoku |

76. Los puntos cardinales

norte (m)	北	kita
al norte	北へ	kita he
en el norte	北に	kita ni
del norte (adj)	北の	kita no

sur (m)	南	minami
al sur	南へ	minami he
en el sur	南に	minami ni
del sur (adj)	南の	minami no

oeste (m)	西	nishi
al oeste	西へ	nishi he
en el oeste	西に	nishi ni
del oeste (adj)	西の	nishi no

este (m)	東	higashi
al este	東へ	higashi he
en el este	東に	higashi ni
del este (adj)	東の	higashi no

77. El mar. El océano

mar (m)	海	umi
océano (m)	海洋	kaiyō
golfo (m)	湾	wan
estrecho (m)	海峡	kaikyō

tierra (f) firme	乾燥地	kansō chi
continente (m)	大陸	tairiku
isla (f)	島	shima
península (f)	半島	hantō
archipiélago (m)	多島海	tatōkai

bahía (f)	入り江	irie
ensenada, bahía (f)	泊地	hakuchi
laguna (f)	潟	kata
cabo (m)	岬	misaki

atolón (m)	環礁	kanshō
arrecife (m)	暗礁	anshō
coral (m)	サンゴ	sango
arrecife (m) de coral	サンゴ礁	sangoshō
profundo (adj)	深い	fukai

profundidad (f)	深さ	fuka sa
abismo (m)	深淵	shinen
fosa (f) oceánica	海溝	kaikō
corriente (f)	海流	kairyū
bañar (rodear)	取り囲む	torikakomu
orilla (f)	海岸	kaigan
costa (f)	沿岸	engan
flujo (m)	満潮	manchō
reflujo (m)	干潮	kanchō
banco (m) de arena	砂州	sasu
fondo (m)	底	soko
ola (f)	波	nami
cresta (f) de la ola	波頭	namigashira
espuma (f)	泡	awa
tempestad (f)	嵐	arashi
huracán (m)	ハリケーン	harikēn
tsunami (m)	津波	tsunami
bonanza (f)	凪	nagi
calmo, tranquilo	穏やかな	odayaka na
polo (m)	極地	kyokuchi
polar (adj)	極地の	kyokuchi no
latitud (f)	緯度	ido
longitud (f)	経度	keido
paralelo (m)	度線	dosen
ecuador (m)	赤道	sekidō
cielo (m)	空	sora
horizonte (m)	地平線	chiheisen
aire (m)	空気	kūki
faro (m)	灯台	tōdai
bucear (vi)	飛び込む	tobikomu
hundirse (vr)	沈没する	chinbotsu suru
tesoros (m pl)	宝	takara

78. Los nombres de los mares y los océanos

océano (m) Atlántico	大西洋	taiseiyō
océano (m) Índico	インド洋	indoyō
océano (m) Pacífico	太平洋	taiheiyō
océano (m) Glacial Ártico	北氷洋	kitakōriyō
mar (m) Negro	黒海	kokkai
mar (m) Rojo	紅海	kōkai

| mar (m) Amarillo | 黄海 | kōkai |
| mar (m) Blanco | 白海 | hakkai |

mar (m) Caspio	カスピ海	kasupikai
mar (m) Muerto	死海	shikai
mar (m) Mediterráneo	地中海	chichūkai

| mar (m) Egeo | エーゲ海 | ēgekai |
| mar (m) Adriático | アドリア海 | adoriakai |

mar (m) Arábigo	アラビア海	arabia kai
mar (m) del Japón	日本海	nihonkai
mar (m) de Bering	ベーリング海	bēringukai
mar (m) de la China Meridional	南シナ海	minami shinakai

mar (m) del Coral	珊瑚海	sangokai
mar (m) de Tasmania	タスマン海	tasumankai
mar (m) Caribe	カリブ海	karibukai

| mar (m) de Barents | バレンツ海 | barentsukai |
| mar (m) de Kara | カラ海 | karakai |

mar (m) del Norte	北海	hokkai
mar (m) Báltico	バルト海	barutokai
mar (m) de Noruega	ノルウェー海	noruwē umi

79. Las montañas

montaña (f)	山	yama
cadena (f) de montañas	山脈	sanmyaku
cresta (f) de montañas	山稜	sanryō

cima (f)	頂上	chōjō
pico (m)	とがった山頂	togatta sanchō
pie (m)	麓	fumoto
cuesta (f)	山腹	sanpuku

volcán (m)	火山	kazan
volcán (m) activo	活火山	kakkazan
volcán (m) apagado	休火山	kyūkazan

erupción (f)	噴火	funka
cráter (m)	噴火口	funkakō
magma (m)	岩漿、マグマ	ganshō, maguma
lava (f)	溶岩	yōgan
fundido (lava ~a)	溶…	yō …

| cañón (m) | 峡谷 | kyōkoku |
| desfiladero (m) | 峡谷 | kyōkoku |

grieta (f)	裂け目	sakeme
precipicio (m)	奈落の底	naraku no soko
puerto (m) (paso)	峠	tōge
meseta (f)	高原	kōgen
roca (f)	断崖	dangai
colina (f)	丘	oka
glaciar (m)	氷河	hyōga
cascada (f)	滝	taki
geiser (m)	間欠泉	kanketsusen
lago (m)	湖	mizūmi
llanura (f)	平原	heigen
paisaje (m)	風景	fūkei
eco (m)	こだま	kodama
alpinista (m)	登山家	tozan ka
escalador (m)	ロッククライマー	rokku kuraimā
conquistar (vt)	征服する	seifuku suru
ascensión (f)	登山	tozan

80. Los nombres de las montañas

Alpes (m pl)	アルプス山脈	arupusu sanmyaku
Montblanc (m)	モンブラン	monburan
Pirineos (m pl)	ピレネー山脈	pirenē sanmyaku
Cárpatos (m pl)	カルパティア山脈	karupatia sanmyaku
Urales (m pl)	ウラル山脈	uraru sanmyaku
Cáucaso (m)	コーカサス山脈	kōkasasu sanmyaku
Elbrus (m)	エルブルス山	eruburusu san
Altai (m)	アルタイ山脈	arutai sanmyaku
Tian-Shan (m)	天山山脈	amayama sanmyaku
Pamir (m)	パミール高原	pamīru kōgen
Himalayos (m pl)	ヒマラヤ	himaraya
Everest (m)	エベレスト	eberesuto
Andes (m pl)	アンデス山脈	andesu sanmyaku
Kilimanjaro (m)	キリマンジャロ	kirimanjaro

81. Los ríos

río (m)	川	kawa
manantial (m)	泉	izumi
lecho (m) (curso de agua)	川床	kawadoko
cuenca (f) fluvial	流域	ryūiki

desembocar en ...	…に流れ込む	… ni nagarekomu
afluente (m)	支流	shiryū
ribera (f)	川岸	kawagishi
corriente (f)	流れ	nagare
río abajo (adv)	下流の	karyū no
río arriba (adv)	上流の	jōryū no
inundación (f)	洪水	kōzui
riada (f)	氾濫	hanran
desbordarse (vr)	氾濫する	hanran suru
inundar (vt)	水浸しにする	mizubitashi ni suru
bajo (m) arenoso	浅瀬	asase
rápido (m)	急流	kyūryū
presa (f)	ダム	damu
canal (m)	運河	unga
lago (m) artificiale	ため池 [溜池]	tameike
esclusa (f)	水門	suimon
cuerpo (m) de agua	水域	suīki
pantano (m)	沼地	numachi
ciénaga (f)	湿地	shicchi
remolino (m)	渦	uzu
arroyo (m)	小川	ogawa
potable (adj)	飲用の	inyō no
dulce (agua ~)	淡…	tan ...
hielo (m)	氷	kōri
helarse (el lago, etc.)	氷結する	hyōketsu suru

82. Los nombres de los ríos

Sena (m)	セーヌ川	sēnu gawa
Loira (m)	ロワール川	rowāru gawa
Támesis (m)	テムズ川	temuzu gawa
Rin (m)	ライン川	rain gawa
Danubio (m)	ドナウ川	donau gawa
Volga (m)	ヴォルガ川	voruga gawa
Don (m)	ドン川	don gawa
Lena (m)	レナ川	rena gawa
Río (m) Amarillo	黄河	kōga
Río (m) Azul	長江	chōkō
Mekong (m)	メコン川	mekon gawa
Ganges (m)	ガンジス川	ganjisu gawa

Nilo (m)	ナイル川	nairu gawa
Congo (m)	コンゴ川	kongo gawa
Okavango (m)	オカヴァンゴ川	okavango gawa
Zambeze (m)	ザンベジ川	zanbeji gawa
Limpopo (m)	リンポポ川	rinpopo gawa
Misisipi (m)	ミシシッピ川	mishishippi gawa

83. El bosque

bosque (m)	森林	shinrin
de bosque (adj)	森林の	shinrin no
espesura (f)	密林	mitsurin
bosquecillo (m)	木立	kodachi
claro (m)	空き地	akichi
maleza (f)	やぶ ［藪］	yabu
matorral (m)	低木地域	teiboku chīki
senda (f)	小道	komichi
barranco (m)	ガリ	gari
árbol (m)	木	ki
hoja (f)	葉	ha
follaje (m)	葉っぱ	happa
caída (f) de hojas	落葉	rakuyō
caer (las hojas)	落ちる	ochiru
cima (f)	木のてっぺん	kinoteppen
rama (f)	枝	eda
rama (f) (gruesa)	主枝	shushi
brote (m)	芽 ［め］	me
aguja (f)	松葉	matsuba
piña (f)	松ぼっくり	matsubokkuri
agujero (m)	樹洞	kihora
nido (m)	巣	su
tronco (m)	幹	miki
raíz (f)	根	ne
corteza (f)	樹皮	juhi
musgo (m)	コケ ［苔］	koke
extirpar (vt)	根こそぎにする	nekosogi ni suru
talar (vt)	切り倒す	kiritaosu
deforestar (vt)	切り払う	kiriharau
tocón (m)	切り株	kirikabu
hoguera (f)	焚火	takibi
incendio (m) forestal	森林火災	shinrin kasai

apagar (~ el incendio)	火を消す	hi wo kesu
guarda (m) forestal	森林警備隊員	shinrin keibi taīn
protección (f)	保護	hogo
proteger (vt)	保護する	hogo suru
cazador (m) furtivo	密漁者	mitsuryō sha
cepo (m)	罠	wana
recoger (setas)	摘み集める	tsumi atsumeru
recoger (bayas)	採る	toru
perderse (vr)	道に迷う	michi ni mayō

84. Los recursos naturales

recursos (m pl) naturales	天然資源	tennen shigen
recursos (m pl) subterráneos	鉱物資源	kōbutsu shigen
depósitos (m pl)	鉱床	kōshō
yacimiento (m)	田	den
extraer (vt)	採掘する	saikutsu suru
extracción (f)	採掘	saikutsu
mena (f)	鉱石	kōseki
mina (f)	鉱山	kōzan
pozo (m) de mina	立坑	tatekō
minero (m)	鉱山労働者	kōzan rōdō sha
gas (m)	ガス	gasu
gasoducto (m)	ガスパイプライン	gasu paipurain
petróleo (m)	石油	sekiyu
oleoducto (m)	石油パイプライン	sekiyu paipurain
pozo (m) de petróleo	油井	yusei
torre (f) de sondeo	油井やぐら	yusei ya gura
petrolero (m)	タンカー	tankā
arena (f)	砂	suna
caliza (f)	石灰岩	sekkaigan
grava (f)	砂利	jari
turba (f)	泥炭	deitan
arcilla (f)	粘土	nendo
carbón (m)	石炭	sekitan
hierro (m)	鉄	tetsu
oro (m)	金	kin
plata (f)	銀	gin
níquel (m)	ニッケル	nikkeru
cobre (m)	銅	dō
zinc (m)	亜鉛	aen
manganeso (m)	マンガン	mangan
mercurio (m)	水銀	suigin

plomo (m)	鉛	namari
mineral (m)	鉱物	kōbutsu
cristal (m)	水晶	suishō
mármol (m)	大理石	dairiseki
uranio (m)	ウラン	uran

85. El tiempo

tiempo (m)	天気	tenki
previsión (f) del tiempo	天気予報	tenki yohō
temperatura (f)	温度	ondo
termómetro (m)	温度計	ondo kei
barómetro (m)	気圧計	kiatsu kei
húmedo (adj)	湿度の	shitsudo no
humedad (f)	湿度	shitsudo
bochorno (m)	猛暑	mōsho
tórrido (adj)	暑い	atsui
hace mucho calor	暑いです	atsui desu
hace calor (templado)	暖かいです	atatakai desu
templado (adj)	暖かい	atatakai
hace frío	寒いです	samui desu
frío (adj)	寒い	samui
sol (m)	太陽	taiyō
brillar (vi)	照る	teru
soleado (un día ~)	晴れの	hare no
elevarse (el sol)	昇る	noboru
ponerse (vr)	沈む	shizumu
nube (f)	雲	kumo
nuboso (adj)	曇りの	kumori no
nubarrón (m)	雨雲	amagumo
nublado (adj)	どんよりした	donyori shi ta
lluvia (f)	雨	ame
está lloviendo	雨が降っている	ame ga futte iru
lluvioso (adj)	雨の	ame no
lloviznar (vi)	そぼ降る	sobofuru
aguacero (m)	土砂降りの雨	doshaburi no ame
chaparrón (m)	大雨	ōame
fuerte (la lluvia ~)	激しい	hageshī
charco (m)	水溜り	mizutamari
mojarse (vr)	ぬれる [濡れる]	nureru
niebla (f)	霧	kiri
nebuloso (adj)	霧の	kiri no

nieve (f)	雪	yuki
está nevando	雪が降っている	yuki ga futte iru

86. Los eventos climáticos severos. Los desastres naturales

tormenta (f)	雷雨	raiu
relámpago (m)	稲妻	inazuma
relampaguear (vi)	ピカッと光る	pikatto hikaru
trueno (m)	雷	kaminari
tronar (vi)	雷が鳴る	kaminari ga naru
está tronando	雷が鳴っている	kaminari ga natte iru
granizo (m)	ひょう [雹]	hyō
está granizando	ひょうが降っている	hyō ga futte iru
inundar (vt)	水浸しにする	mizubitashi ni suru
inundación (f)	洪水	kōzui
terremoto (m)	地震	jishin
sacudida (f)	震動	shindō
epicentro (m)	震源地	shingen chi
erupción (f)	噴火	funka
lava (f)	溶岩	yōgan
torbellino (m)	旋風	senpū
tornado (m)	竜巻	tatsumaki
tifón (m)	台風	taifū
huracán (m)	ハリケーン	harikēn
tempestad (f)	暴風	bōfū
tsunami (m)	津波	tsunami
ciclón (m)	サイクロン	saikuron
mal tiempo (m)	悪い天気	warui tenki
incendio (m)	火事	kaji
catástrofe (f)	災害	saigai
meteorito (m)	隕石	inseki
avalancha (f)	雪崩	nadare
alud (m) de nieve	雪崩	nadare
ventisca (f)	猛吹雪	mō fubuki
nevasca (f)	吹雪	fubuki

T&P BOOKS

LA FAUNA

87. Los mamíferos. Los predadores
88. Los animales salvajes
89. Los animales domésticos
90. Los pájaros
91. Los peces. Los animales marinos
92. Los anfibios. Los reptiles
93. Los insectos

T&P Books Publishing

87. Los mamíferos. Los predadores

carnívoro (m)	肉食獣	nikushoku juu
tigre (m)	トラ [虎]	tora
león (m)	ライオン	raion
lobo (m)	オオカミ	ōkami
zorro (m)	キツネ [狐]	kitsune
jaguar (m)	ジャガー	jagā
leopardo (m)	ヒョウ [豹]	hyō
guepardo (m)	チーター	chītā
pantera (f)	黒豹	kuro hyō
puma (f)	ピューマ	pyūma
leopardo (m) de las nieves	雪豹	yuki hyō
lince (m)	オオヤマネコ	ōyamaneko
coyote (m)	コヨーテ	koyōte
chacal (m)	ジャッカル	jakkaru
hiena (f)	ハイエナ	haiena

88. Los animales salvajes

animal (m)	動物	dōbutsu
bestia (f)	獣	shishi
ardilla (f)	リス	risu
erizo (m)	ハリネズミ [針鼠]	harinezumi
liebre (f)	ヘア	hea
conejo (m)	ウサギ [兎]	usagi
tejón (m)	アナグマ	anaguma
mapache (m)	アライグマ	araiguma
hámster (m)	ハムスター	hamusutā
marmota (f)	マーモット	māmotto
topo (m)	モグラ	mogura
ratón (m)	ネズミ	nezumi
rata (f)	ラット	ratto
murciélago (m)	コウモリ [蝙蝠]	kōmori
armiño (m)	オコジョ	okojo
cebellina (f)	クロテン	kuroten
marta (f)	マツテン	matsu ten

| comadreja (f) | イタチ（鼬、鼬鼠） | itachi |
| visón (m) | ミンク | minku |

| castor (m) | ビーバー | bībā |
| nutria (f) | カワウソ | kawauso |

caballo (m)	ウマ［馬］	uma
alce (m)	ヘラジカ（麈鹿）	herajika
ciervo (m)	シカ［鹿］	shika
camello (m)	ラクダ［駱駝］	rakuda

bisonte (m)	アメリカバイソン	amerika baison
uro (m)	ヨーロッパバイソン	yōroppa baison
búfalo (m)	水牛	suigyū

cebra (f)	シマウマ［縞馬］	shimauma
antílope (m)	レイヨウ	reiyō
corzo (m)	ノロジカ	noro jika
gamo (m)	ダマジカ	damajika
gamuza (f)	シャモア	shamoa
jabalí (m)	イノシシ［猪］	inoshishi

ballena (f)	クジラ［鯨］	kujira
foca (f)	アザラシ	azarashi
morsa (f)	セイウチ［海象］	seiuchi
oso (m) marino	オットセイ［膃肭臍］	ottosei
delfín (m)	いるか［海豚］	iruka

oso (m)	クマ［熊］	kuma
oso (m) blanco	ホッキョクグマ	hokkyokuguma
panda (f)	パンダ	panda

mono (m)	サル［猿］	saru
chimpancé (m)	チンパンジー	chinpanjī
orangután (m)	オランウータン	oranwutan
gorila (m)	ゴリラ	gorira
macaco (m)	マカク	makaku
gibón (m)	テナガザル	tenagazaru

| elefante (m) | ゾウ［象］ | zō |
| rinoceronte (m) | サイ［犀］ | sai |

| jirafa (f) | キリン | kirin |
| hipopótamo (m) | カバ［河馬］ | kaba |

| canguro (m) | カンガルー | kangarū |
| koala (f) | コアラ | koara |

mangosta (f)	マングース	mangūsu
chinchilla (f)	チンチラ	chinchira
mofeta (f)	スカンク	sukanku
espín (m)	ヤマアラシ	yamārashi

89. Los animales domésticos

gata (f)	猫	neko
gato (m)	オス猫	osu neko
perro (m)	犬	inu
caballo (m)	ウマ［馬］	uma
garañón (m)	種馬	taneuma
yegua (f)	雌馬	meuma
vaca (f)	雌牛	meushi
toro (m)	雄牛	ōshi
buey (m)	去勢牛	kyosei ushi
oveja (f)	羊	hitsuji
carnero (m)	雄羊	ohitsuji
cabra (f)	ヤギ［山羊］	yagi
cabrón (m)	雄ヤギ	oyagi
asno (m)	ロバ	roba
mulo (m)	ラバ	raba
cerdo (m)	ブタ［豚］	buta
cerdito (m)	子豚	kobuta
conejo (m)	カイウサギ［飼兎］	kai usagi
gallina (f)	ニワトリ［鶏］	niwatori
gallo (m)	おんどり［雄鶏］	ondori
pato (m)	アヒル	ahiru
ánade (m)	雄アヒル	oahiru
ganso (m)	ガチョウ	gachō
pavo (m)	雄七面鳥	oshichimenchō
pava (f)	七面鳥［シチメンチョウ］	shichimenchō
animales (m pl) domésticos	家畜	kachiku
domesticado (adj)	馴れた	nare ta
domesticar (vt)	かいならす	kainarasu
criar (vt)	飼養する	shiyō suru
granja (f)	農場	nōjō
aves (f pl) de corral	家禽	kakin
ganado (m)	畜牛	chiku gyū
rebaño (m)	群れ	mure
caballeriza (f)	馬小屋	umagoya
porqueriza (f)	豚小屋	buta goya
vaquería (f)	牛舎	gyūsha
conejal (m)	ウサギ小屋	usagi koya
gallinero (m)	鶏小屋	niwatori goya

90. Los pájaros

pájaro (m)	鳥	tori
paloma (f)	鳩 [ハト]	hato
gorrión (m)	スズメ (雀)	suzume
carbonero (m)	シジュウカラ [四十雀]	shijūkara
urraca (f)	カササギ (鵲)	kasasagi
cuervo (m)	ワタリガラス [渡鴉]	watari garasu
corneja (f)	カラス [鴉]	karasu
chova (f)	ニシコクマルガラス	nishikokumaru garasu
grajo (m)	ミヤマガラス [深山烏]	miyama garasu
pato (m)	カモ [鴨]	kamo
ganso (m)	ガチョウ	gachō
faisán (m)	キジ	kiji
águila (f)	鷲	washi
azor (m)	鷹	taka
halcón (m)	ハヤブサ [隼]	hayabusa
buitre (m)	ハゲワシ	hagewashi
cóndor (m)	コンドル	kondoru
cisne (m)	白鳥 [ハクチョウ]	hakuchō
grulla (f)	鶴 [ツル]	tsuru
cigüeña (f)	シュバシコウ	shubashikō
loro (m), papagayo (m)	オウム	ōmu
colibrí (m)	ハチドリ [蜂鳥]	hachidori
pavo (m) real	クジャク [孔雀]	kujaku
avestruz (m)	ダチョウ [駝鳥]	dachō
garza (f)	サギ [鷺]	sagi
flamenco (m)	フラミンゴ	furamingo
pelícano (m)	ペリカン	perikan
ruiseñor (m)	サヨナキドリ	sayonakidori
golondrina (f)	ツバメ [燕]	tsubame
tordo (m)	ノハラツグミ	nohara tsugumi
zorzal (m)	ウタツグミ [歌鶫]	uta tsugumi
mirlo (m)	クロウタドリ	kurōtadori
vencejo (m)	アマツバメ [雨燕]	ama tsubame
alondra (f)	ヒバリ [雲雀]	hibari
codorniz (f)	ウズラ	uzura
pájaro carpintero (m)	キツツキ	kitsutsuki
cuco (m)	カッコウ [郭公]	kakkō
lechuza (f)	トラフズク	torafuzuku
búho (m)	ワシミミズク	washi mimizuku

urogallo (m)	ヨーロッパ オオライチョウ	yōroppa ōraichō
gallo lira (m)	クロライチョウ	kuro raichō
perdiz (f)	ヨーロッパヤマウズラ	yōroppa yamauzura
estornino (m)	ムクドリ	mukudori
canario (m)	カナリア ［金糸雀］	kanaria
ortega (f)	エゾライチョウ	ezo raichō
pinzón (m)	ズアオアトリ	zuaoatori
camachuelo (m)	ウソ ［鷽］	uso
gaviota (f)	カモメ ［鴎］	kamome
albatros (m)	アホウドリ	ahōdori
pingüino (m)	ペンギン	pengin

91. Los peces. Los animales marinos

brema (f)	ブリーム	burīmu
carpa (f)	コイ ［鯉］	koi
perca (f)	ヨーロピアンパーチ	yōropian pāchi
siluro (m)	ナマズ	namazu
lucio (m)	カワカマス	kawakamasu
salmón (m)	サケ	sake
esturión (m)	チョウザメ ［蝶鮫］	chōzame
arenque (m)	ニシン	nishin
salmón (m) del Atlántico	タイセイヨウサケ ［大西洋鮭］	taiseiyō sake
caballa (f)	サバ ［鯖］	saba
lenguado (m)	カレイ ［鰈］	karei
lucioperca (f)	ザンダー	zandā
bacalao (m)	タラ ［鱈］	tara
atún (m)	マグロ ［鮪］	maguro
trucha (f)	マス ［鱒］	masu
anguila (f)	ウナギ ［鰻］	unagi
raya (f) eléctrica	シビレエイ	shibireei
morena (f)	ウツボ ［鱓］	utsubo
piraña (f)	ピラニア	pirania
tiburón (m)	サメ ［鮫］	same
delfín (m)	イルカ ［海豚］	iruka
ballena (f)	クジラ ［鯨］	kujira
centolla (f)	カニ ［蟹］	kani
medusa (f)	クラゲ ［水母］	kurage
pulpo (m)	タコ ［蛸］	tako
estrella (f) de mar	ヒトデ ［海星］	hitode

erizo (m) de mar	ウニ [海胆]	uni
caballito (m) de mar	タツノオトシゴ	tatsunootoshigo
ostra (f)	カキ [牡蠣]	kaki
camarón (m)	エビ	ebi
bogavante (m)	イセエビ	iseebi
langosta (f)	スパイニーロブスター	supainī robusutā

92. Los anfibios. Los reptiles

serpiente (f)	ヘビ（蛇）	hebi
venenoso (adj)	毒…、 有毒な	doku …, yūdoku na
víbora (f)	クサリヘビ	kusarihebi
cobra (f)	コブラ	kobura
pitón (m)	ニシキヘビ	nishikihebi
boa (f)	ボア	boa
culebra (f)	ヨーロッパヤマカガシ	yōroppa yamakagashi
serpiente (m) de cascabel	ガラガラヘビ	garagarahebi
anaconda (f)	アナコンダ	anakonda
lagarto (m)	トカゲ [蜥蜴]	tokage
iguana (f)	イグアナ	iguana
varano (m)	オオトカゲ	ōtokage
salamandra (f)	サンショウウオ [山椒魚]	sanshōuo
camaleón (m)	カメレオン	kamereon
escorpión (m)	サソリ [蠍]	sasori
tortuga (f)	カメ [亀]	kame
rana (f)	蛙 [カエル]	kaeru
sapo (m)	ヒキガエル	hikigaeru
cocodrilo (m)	ワニ [鰐]	wani

93. Los insectos

insecto (m)	昆虫	konchū
mariposa (f)	チョウ [蝶]	chō
hormiga (f)	アリ [蟻]	ari
mosca (f)	ハエ [蝿]	hae
mosquito (m) (picadura de ~)	カ [蚊]	ka
escarabajo (m)	甲虫	kabutomushi
avispa (f)	ワスプ	wasupu
abeja (f)	ハチ [蜂]	hachi
abejorro (m)	マルハナバチ [丸花蜂]	maruhanabachi
moscardón (m)	アブ [虻]	abu

araña (f)	クモ [蜘蛛]	kumo
telaraña (f)	クモの巣	kumo no su
libélula (f)	トンボ [蜻蛉]	tonbo
saltamontes (m)	キリギリス	kirigirisu
mariposa (f) nocturna	ガ [蛾]	ga
cucaracha (f)	ゴキブリ [蜚蠊]	gokiburi
garrapata (f)	ダニ [蜱蟎、蜱]	dani
pulga (f)	ノミ [蚤]	nomi
mosca (f) negra	ヌカカ [糠蚊]	nukaka
langosta (f)	バッタ [飛蝗]	batta
caracol (m)	カタツムリ [蝸牛]	katatsumuri
grillo (m)	コオロギ [蟋蟀、蛩]	kōrogi
luciérnaga (f)	ホタル [蛍、螢]	hotaru
mariquita (f)	テントウムシ [天道虫]	tentōmushi
sanjuanero (m)	コフキコガネ	kofukikogane
sanguijuela (f)	ヒル [蛭]	hiru
oruga (f)	ケムシ [毛虫]	kemushi
lombriz (m) de tierra	ミミズ [蚯蚓]	mimizu
larva (f)	幼虫	yōchū

T&P BOOKS

LA FLORA

94. Los árboles
95. Los arbustos
96. Las frutas. Las bayas
97. Las flores. Las plantas
98. Los cereales, los granos

T&P Books Publishing

94. Los árboles

árbol (m)	木	ki
foliáceo (adj)	落葉性の	rakuyō sei no
conífero (adj)	針葉樹の	shinyōju no
de hoja perenne	常緑の	jōryoku no
manzano (m)	りんごの木	ringonoki
peral (m)	洋梨の木	yōnashinoki
cerezo (m)	セイヨウミザクラ	seiyōmi zakura
guindo (m)	スミミザクラ	sumimi zakura
ciruelo (m)	プラムトリー	puramu torī
abedul (m)	カバノキ	kabanoki
roble (m)	オーク	ōku
tilo (m)	シナノキ［科の木］	shinanoki
pobo (m)	ヤマナラシ［山鳴らし］	yamanarashi
arce (m)	カエデ［楓］	kaede
pícea (f)	スプルース	supurūsu
pino (m)	マツ［松］	matsu
alerce (m)	カラマツ［唐松］	karamatsu
abeto (m)	モミ［樅］	momi
cedro (m)	シダー	shidā
álamo (m)	ポプラ	popura
serbal (m)	ナナカマド	nanakamado
sauce (m)	ヤナギ［柳］	yanagi
aliso (m)	ハンノキ	hannoki
haya (f)	ブナ	buna
olmo (m)	ニレ［楡］	nire
fresno (m)	トネリコ［梣］	toneriko
castaño (m)	クリ［栗］	kuri
magnolia (f)	モクレン［木蓮］	mokuren
palmera (f)	ヤシ［椰子］	yashi
ciprés (m)	イトスギ［糸杉］	itosugi
mangle (m)	マングローブ	mangurōbu
baobab (m)	バオバブ	baobabu
eucalipto (m)	ユーカリ	yūkari
secoya (f)	セコイア	sekoia

95. Los arbustos

mata (f)	低木	teiboku
arbusto (m)	潅木	kanboku
vid (f)	ブドウ ［葡萄］	budō
viñedo (m)	ブドウ園 ［葡萄園］	budōen
frambueso (m)	ラズベリー	razuberī
grosellero (m) negro	クロスグリ	kuro suguri
grosellero (m) rojo	フサスグリ	fusa suguri
grosellero (m) espinoso	セイヨウスグリ	seiyō suguri
acacia (f)	アカシア	akashia
berberís (m)	メギ	megi
jazmín (m)	ジャスミン	jasumin
enebro (m)	セイヨウネズ	seiyōnezu
rosal (m)	バラの木	baranoki
escaramujo (m)	イヌバラ	inu bara

96. Las frutas. Las bayas

fruto (m)	果物	kudamono
frutos (m pl)	果物	kudamono
manzana (f)	リンゴ	ringo
pera (f)	洋梨	yōnashi
ciruela (f)	プラム	puramu
fresa (f)	イチゴ（苺）	ichigo
guinda (f), cereza (f)	チェリー	cherī
guinda (f)	サワー チェリー	sawā cherī
cereza (f)	スイート チェリー	suīto cherī
uva (f)	ブドウ ［葡萄］	budō
frambuesa (f)	ラズベリー（木苺）	razuberī
grosella (f) negra	クロスグリ	kuro suguri
grosella (f) roja	フサスグリ	fusa suguri
grosella (f) espinosa	セイヨウスグリ	seiyō suguri
arándano (m) agrio	クランベリー	kuranberī
naranja (f)	オレンジ	orenji
mandarina (f)	マンダリン	mandarin
piña (f)	パイナップル	painappuru
banana (f)	バナナ	banana
dátil (m)	デーツ	dētsu
limón (m)	レモン	remon
albaricoque (m)	アンズ ［杏子］	anzu

melocotón (m)	モモ［桃］	momo
kiwi (m)	キウイ	kiui
toronja (f)	グレープフルーツ	gurēbu furūtsu

baya (f)	ベリー	berī
bayas (f pl)	ベリー	berī
arándano (m) rojo	コケモモ	kokemomo
fresa (f) silvestre	ノイチゴ［野いちご］	noichigo
arándano (m)	ビルベリー	biruberī

97. Las flores. Las plantas

| flor (f) | 花 | hana |
| ramo (m) de flores | 花束 | hanataba |

rosa (f)	バラ	bara
tulipán (m)	チューリップ	chūrippu
clavel (m)	カーネーション	kānēshon
gladiolo (m)	グラジオラス	gurajiorasu

aciano (m)	ヤグルマギク［矢車菊］	yagurumagiku
campanilla (f)	ホタルブクロ	hotarubukuro
diente (m) de león	タンポポ［蒲公英］	tanpopo
manzanilla (f)	カモミール	kamomīru

áloe (m)	アロエ	aroe
cacto (m)	サボテン	saboten
ficus (m)	イチジク	ichijiku

azucena (f)	ユリ［百合］	yuri
geranio (m)	ゼラニウム	zeranyūmu
jacinto (m)	ヒヤシンス	hiyashinsu

mimosa (f)	ミモザ	mimoza
narciso (m)	スイセン［水仙］	suisen
capuchina (f)	キンレンカ［金蓮花］	kinrenka

orquídea (f)	ラン［蘭］	ran
peonía (f)	シャクヤク［芍薬］	shakuyaku
violeta (f)	スミレ［菫］	sumire

trinitaria (f)	パンジー	panjī
nomeolvides (f)	ワスレナグサ［勿忘草］	wasurenagusa
margarita (f)	デイジー	deijī

amapola (f)	ポピー	popī
cáñamo (m)	アサ［麻］	asa
menta (f)	ミント	minto
muguete (m)	スズラン［鈴蘭］	suzuran
campanilla (f) de las nieves	スノードロップ	sunōdoroppu

ortiga (f)	イラクサ［刺草］	irakusa
acedera (f)	スイバ	suiba
nenúfar (m)	スイレン［睡蓮］	suiren
helecho (m)	シダ	shida
liquen (m)	地衣類	chī rui
invernadero (m) tropical	温室	onshitsu
césped (m)	芝生	shibafu
macizo (m) de flores	花壇	kadan
planta (f)	植物	shokubutsu
hierba (f)	草	kusa
hoja (f) de hierba	草の葉	kusa no ha
hoja (f)	葉	ha
pétalo (m)	花びら	hanabira
tallo (m)	茎	kuki
tubérculo (m)	塊茎	kaikei
retoño (m)	シュート	shūto
espina (f)	茎針	kuki hari
florecer (vi)	開花する	kaika suru
marchitarse (vr)	しおれる	shioreru
olor (m)	香り	kaori
cortar (vt)	切る	kiru
coger (una flor)	摘む	tsumamu

98. Los cereales, los granos

grano (m)	穀物	kokumotsu
cereales (m pl) (plantas)	禾穀類	kakokurui
espiga (f)	花穂	kasui
trigo (m)	コムギ［小麦］	komugi
centeno (m)	ライムギ［ライ麦］	raimugi
avena (f)	オーツムギ［オーツ麦］	ōtsu mugi
mijo (m)	キビ［黍］	kibi
cebada (f)	オオムギ［大麦］	ōmugi
maíz (m)	トウモロコシ	tōmorokoshi
arroz (m)	イネ［稲］	ine
alforfón (m)	ソバ［蕎麦］	soba
guisante (m)	エンドウ［豌豆］	endō
fréjol (m)	インゲンマメ［隠元豆］	ingen mame
soya (f)	ダイズ［大豆］	daizu
lenteja (f)	レンズマメ［レンズ豆］	renzu mame
habas (f pl)	豆類	mamerui

LOS PAÍSES

99. Los países. Unidad 1
100. Los países. Unidad 2
101. Los países. Unidad 3

T&P Books Publishing

Afganistán (m)	アフガニスタン	afuganisutan
Albania (f)	アルバニア	arubania
Alemania (f)	ドイツ	doitsu
Arabia (f) Saudita	サウジアラビア	saujiarabia
Argentina (f)	アルゼンチン	aruzenchin
Armenia (f)	アルメニア	arumenia
Australia (f)	オーストラリア	ōsutoraria
Austria (f)	オーストリア	ōsutoria
Azerbaiyán (m)	アゼルバイジャン	azerubaijan
Bangladesh (m)	バングラデシュ	banguradeshu
Bélgica (f)	ベルギー	berugī
Bielorrusia (f)	ベラルーシー	berarūshī
Bolivia (f)	ボリビア	boribia
Bosnia y Herzegovina	ボスニア・ヘルツェゴヴィナ	bosunia herutsegovina
Brasil (m)	ブラジル	burajiru
Bulgaria (f)	ブルガリア	burugaria
Camboya (f)	カンボジア	kanbojia
Canadá (f)	カナダ	kanada
Chequia (f)	チェコ	cheko
Chile (m)	チリ	chiri
China (f)	中国	chūgoku
Chipre (m)	キプロス	kipurosu
Colombia (f)	コロンビア	koronbia
Corea (f) del Norte	北朝鮮	kitachōsen
Corea (f) del Sur	大韓民国	daikanminkoku
Croacia (f)	クロアチア	kuroachia
Cuba (f)	キューバ	kyūba
Dinamarca (f)	デンマーク	denmāku
Ecuador (m)	エクアドル	ekuadoru
Egipto (m)	エジプト	ejiputo
Emiratos (m pl) Árabes Unidos	アラブ首長国連邦	arabu shuchō koku renpō
Escocia (f)	スコットランド	sukottorando
Eslovaquia (f)	スロバキア	surobakia
Eslovenia	スロベニア	surobenia
España (f)	スペイン	supein
Estados Unidos de América	アメリカ合衆国	amerika gasshūkoku
Estonia (f)	エストニア	esutonia
Finlandia (f)	フィンランド	finrando
Francia (f)	フランス	furansu

100. Los países. Unidad 2

Georgia (f)	グルジア	gurujia
Ghana (f)	ガーナ	gāna
Gran Bretaña (f)	グレートブリテン島	gurētoburiten tō
Grecia (f)	ギリシャ	girisha
Haití (m)	ハイチ	haichi
Hungría (f)	ハンガリー	hangarī
India (f)	インド	indo
Indonesia (f)	インドネシア	indoneshia
Inglaterra (f)	イギリス	igirisu
Irak (m)	イラク	iraku
Irán (m)	イラン	iran
Irlanda (f)	アイルランド	airurando
Islandia (f)	アイスランド	aisurando
Islas (f pl) Bahamas	バハマ	bahama
Israel (m)	イスラエル	isuraeru
Italia (f)	イタリア	itaria
Jamaica (f)	ジャマイカ	jamaika
Japón (m)	日本	nihon
Jordania (f)	ヨルダン	yorudan
Kazajstán (m)	カザフスタン	kazafusutan
Kenia (f)	ケニア	kenia
Kirguizistán (m)	キルギス	kirugisu
Kuwait (m)	クウェート	kuwēto
Laos (m)	ラオス	raosu
Letonia (f)	ラトビア	ratobia
Líbano (m)	レバノン	rebanon
Libia (f)	リビア	ribia
Liechtenstein (m)	リヒテンシュタイン	rihitenshutain
Lituania (f)	リトアニア	ritoania
Luxemburgo (m)	ルクセンブルク	rukusenburuku
Macedonia	マケドニア地方	makedonia chihō
Madagascar (m)	マダガスカル	madagasukaru
Malasia (f)	マレーシア	marēshia
Malta (f)	マルタ	maruta
Marruecos (m)	モロッコ	morokko
Méjico (m)	メキシコ	mekishiko
Moldavia (f)	モルドヴァ	morudova
Mónaco (m)	モナコ	monako
Mongolia (f)	モンゴル	mongoru
Montenegro (m)	モンテネグロ	monteneguro
Myanmar (m)	ミャンマー	myanmā

101. Los países. Unidad 3

Namibia (f)	ナミビア	namibia
Nepal (m)	ネパール	nepāru
Noruega (f)	ノルウェー	noruwē
Nueva Zelanda (f)	ニュージーランド	nyūjīrando
Países Bajos (m pl)	ネーデルラント	nēderuranto
Pakistán (m)	パキスタン	pakisutan
Palestina (f)	パレスチナ	paresuchina
Panamá (f)	パナマ	panama
Paraguay (m)	パラグアイ	paraguai
Perú (m)	ペルー	perū
Polinesia (f) Francesa	フランス領ポリネシア	furansu ryō porineshia
Polonia (f)	ポーランド	pōrando
Portugal (m)	ポルトガル	porutogaru
República (f) Dominicana	ドミニカ共和国	dominikakyōwakoku
República (f) Sudafricana	南アフリカ	minami afurika
Rumania (f)	ルーマニア	rūmania
Rusia (f)	ロシア	roshia
Senegal (m)	セネガル	senegaru
Serbia (f)	セルビア	serubia
Siria (f)	シリア	shiria
Suecia (f)	スウェーデン	suwēden
Suiza (f)	スイス	suisu
Surinam (m)	スリナム	surinamu
Tayikistán (m)	タジキスタン	tajikisutan
Tailandia (f)	タイ	tai
Taiwán (m)	台湾	taiwan
Tanzania (f)	タンザニア	tanzania
Tasmania (f)	タスマニア	tasumania
Túnez (m)	チュニジア	chunijia
Turkmenistán (m)	トルクメニスタン	torukumenisutan
Turquía (f)	トルコ	toruko
Ucrania (f)	ウクライナ	ukuraina
Uruguay (m)	ウルグアイ	uruguai
Uzbekistán (m)	ウズベキスタン	uzubekisutan
Vaticano (m)	バチカン	bachikan
Venezuela (f)	ベネズエラ	benezuera
Vietnam (m)	ベトナム	betonamu
Zanzíbar (m)	ザンジバル	zanjibaru

GLOSARIO GASTRONÓMICO

Esta sección contiene una
gran cantidad de palabras y
términos asociados con la
comida. Este diccionario le hará
más fácil la comprensión
del menú de un restaurante y
la elección del plato adecuado

T&P Books Publishing

Español-Japonés glosario gastronómico

Español	Japonés	Rōmaji
¡Que aproveche!	どうぞお召し上がり下さい！	dōzo o meshiagarikudasai!
abrebotellas (m)	栓抜き	sen nuki
abrelatas (m)	缶切り	kankiri
aceite (m) de girasol	ひまわり油	himawari yu
aceite (m) de oliva	オリーブ油	orību yu
aceite (m) vegetal	植物油	shokubutsu yu
agua (f)	水	mizu
agua (f) mineral	ミネラルウォーター	mineraru wōtā
agua (f) potable	飲用水	inyō sui
aguacate (m)	アボカド	abokado
ahumado (adj)	薫製の	kunsei no
ajo (m)	ニンニク	ninniku
albahaca (f)	バジル	bajiru
albaricoque (m)	アンズ［杏子］	anzu
alcachofa (f)	アーティチョーク	ātichōku
alforfón (m)	ソバ［蕎麦］	soba
almendra (f)	アーモンド	āmondo
almuerzo (m)	昼食	chūshoku
amargo (adj)	苦い	nigai
anís (m)	アニス	anisu
anguila (f)	ウナギ［鰻］	unagi
aperitivo (m)	アペリティフ	aperitifu
apetito (m)	食欲	shokuyoku
apio (m)	セロリ	serori
arándano (m)	ビルベリー	biruberī
arándano (m) agrio	クランベリー	kuranberī
arándano (m) rojo	コケモモ	kokemomo
arenque (m)	ニシン	nishin
arroz (m)	米	kome
atún (m)	マグロ［鮪］	maguro
avellana (f)	ヘーゼルナッツ	hēzeru nattsu
avena (f)	オーツムギ［オーツ麦］	ōtsu mugi
azúcar (m)	砂糖	satō
azafrán (m)	サフラン	safuran
azucarado, dulce (adj)	甘い	amai
bacalao (m)	タラ［鱈］	tara
banana (f)	バナナ	banana
bar (m)	パブ、バー	pabu, bā
barman (m)	バーテンダー	bātendā
batido (m)	ミルクセーキ	miruku sēki
baya (f)	ベリー	berī
bayas (f pl)	ベリー	berī
bebida (f) sin alcohol	炭酸飲料	tansan inryō

bebidas (f pl) alcohólicas	アルコール	arukōru
beicon (m)	ベーコン	bēkon
berenjena (f)	ナス	nasu
bistec (m)	ビーフステーキ	bīfusutēki
bocadillo (m)	サンドイッチ	sandoicchi
boleto (m) áspero	ヤマイグチ	yamaiguchi
boleto (m) castaño	アカエノキンチャ	akaenokincha
	ヤマイグチ	yamaiguchi
brócoli (m)	ブロッコリー	burokkorī
brema (f)	ブリーム	burīmu
cóctel (m)	カクテル	kakuteru
caballa (f)	サバ [鯖]	saba
cacahuete (m)	ピーナッツ	pīnattsu
café (m)	コーヒー	kōhī
café (m) con leche	ミルク入りコーヒー	miruku iri kōhī
café (m) solo	ブラックコーヒー	burakku kōhī
café (m) soluble	インスタントコーヒー	insutanto kōhī
calabacín (m)	ズッキーニ	zukkīni
calabaza (f)	カボチャ	kabocha
calamar (m)	イカ	ika
caldo (m)	ブイヨン	buiyon
caliente (adj)	熱い	atsui
caloría (f)	カロリー	karorī
camarón (m)	エビ	ebi
camarera (f)	ウェートレス	wētoresu
camarero (m)	ウェイター	weitā
canela (f)	シナモン	shinamon
cangrejo (m) de mar	カニ [蟹]	kani
capuchino (m)	カプチーノ	kapuchīno
caramelo (m)	キャンディー	kyandī
carbohidratos (m pl)	炭水化物	tansuikabutsu
carne (f)	肉	niku
carne (f) de carnero	子羊肉	kohitsuji niku
carne (f) de cerdo	豚肉	buta niku
carne (f) de ternera	子牛肉	kōshi niku
carne (f) de vaca	牛肉	gyū niku
carne (f) picada	挽肉	hikiniku
carpa (f)	コイ [鯉]	koi
carta (f) de vinos	ワインリスト	wain risuto
carta (f), menú (m)	メニュー	menyū
caviar (m)	キャビア	kyabia
caza (f) menor	獲物	emono
cebada (f)	オオムギ [大麦]	ōmugi
cebolla (f)	たまねぎ [玉葱]	tamanegi
cena (f)	夕食	yūshoku
centeno (m)	ライムギ [ライ麦]	raimugi
cereales (m pl)	禾穀類	kakokurui
cereales (m pl) integrales	穀物	kokumotsu
cereza (f)	スイート チェリー	suīto cherī
cerveza (f)	ビール	bīru
cerveza (f) negra	黒ビール	kuro bīru
cerveza (f) rubia	ライトビール	raito bīru

champaña (f)	シャンパン	shanpan
chicle (m)	チューインガム	chūin gamu
chocolate (m)	チョコレート	chokorēto
cilantro (m)	コリアンダー	koriandā
ciruela (f)	プラム	puramu
clara (f)	卵の白身	tamago no shiromi
clavo (m)	クローブ	kurōbu
coñac (m)	コニャック	konyakku
cocido en agua (adj)	煮た	ni ta
cocina (f)	料理	ryōri
col (f)	キャベツ	kyabetsu
col (f) de Bruselas	メキャベツ	mekyabetsu
coliflor (f)	カリフラワー	karifurawā
colmenilla (f)	アミガサタケ [網笠茸]	amigasa take
comida (f)	食べ物	tabemono
comino (m)	キャラウェイ	kyarawei
con gas	発泡性の	happō sei no
con hielo	氷入りの	kōri iri no
condimento (m)	調味料	chōmiryō
conejo (m)	兎肉	usagi niku
confitura (f)	ジャム	jamu
confitura (f)	ジャム	jamu
congelado (adj)	冷凍の	reitō no
conservas (f pl)	缶詰	kanzume
copa (f) de vino	ワイングラス	wain gurasu
copos (m pl) de maíz	コーンフレーク	kōn furēku
crema (f) de mantequilla	バタークリーム	batā kurīmu
cuchara (f)	スプーン	supūn
cuchara (f) de sopa	大さじ [大匙]	ōsaji
cucharilla (f)	茶さじ	cha saji
cuchillo (m)	ナイフ	naifu
cuenta (f)	お勘定	okanjō
dátil (m)	デーツ	dētsu
de chocolate (adj)	チョコレートの	chokorēto no
desayuno (m)	朝食	chōshoku
dieta (f)	ダイエット	daietto
eneldo (m)	ディル	diru
ensalada (f)	サラダ	sarada
entremés (m)	前菜	zensai
espárrago (m)	アスパラガス	asuparagasu
espagueti (m)	スパゲッティ	supagetti
especia (f)	香辛料	kōshinryō
espiga (f)	花穂	kasui
espinaca (f)	ホウレンソウ	hōrensō
esturión (m)	チョウザメ	chōzame
fletán (m)	ハリバット	haribatto
fréjol (m)	金時豆	kintoki mame
frío (adj)	冷たい	tsumetai
frambuesa (f)	ラズベリー（木苺）	razuberī
fresa (f)	イチゴ（苺）	ichigo
fresa (f) silvestre	ノイチゴ [野いちご]	noichigo
frito (adj)	揚げた	age ta

fruto (m)	果物	kudamono
frutos (m pl)	果物	kudamono
gachas (f pl)	ポリッジ	porijji
galletas (f pl)	クッキー	kukkī
gallina (f)	鶏	niwatori
ganso (m)	ガチョウ	gachō
gaseoso (adj)	炭酸の	tansan no
ginebra (f)	ジン	jin
gofre (m)	ワッフル	waffuru
granada (f)	ザクロ	zakuro
grano (m)	穀物	kokumotsu
grasas (f pl)	脂肪	shibō
grosella (f) espinosa	セイヨウスグリ	seiyō suguri
grosella (f) negra	クロスグリ	kuro suguri
grosella (f) roja	フサスグリ	fusa suguri
guarnición (f)	付け合わせ	tsukeawase
guinda (f)	サワー チェリー	sawā cherī
guisante (m)	エンドウ	endō
hígado (m)	レバー	rebā
habas (f pl)	豆類	mamerui
hamburguesa (f)	ハンバーガー	hanbāgā
harina (f)	小麦粉	komugiko
helado (m)	アイスクリーム	aisukurīmu
hielo (m)	氷	kōri
higo (m)	イチジク	ichijiku
hoja (f) de laurel	ローリエ	rōrie
huevo (m)	卵	tamago
huevos (m pl)	卵	tamago
huevos (m pl) fritos	目玉焼き	medamayaki
jamón (m)	ハム	hamu
jamón (m) fresco	ガモン	gamon
jengibre (m)	生姜、ジンジャー	shōga, jinjā
jugo (m) de tomate	トマトジュース	tomato jūsu
kiwi (m)	キウイ	kiui
langosta (f)	伊勢エビ	ise ebi
leche (f)	乳、ミルク	nyū, miruku
leche (f) condensada	練乳	rennyū
lechuga (f)	レタス	retasu
legumbres (f pl)	野菜	yasai
lengua (f)	タン	tan
lenguado (m)	カレイ［鰈］	karei
lenteja (f)	レンズマメ［レンズ豆］	renzu mame
licor (m)	リキュール	rikyūru
limón (m)	レモン	remon
limonada (f)	レモネード	remonēdo
loncha (f)	スライス	suraisu
lucio (m)	カワカマス	kawakamasu
lucioperca (f)	ザンダー	zandā
maíz (m)	トウモロコシ	tōmorokoshi
maíz (m)	トウモロコシ	tōmorokoshi
macarrones (m pl)	パスタ	pasuta
mandarina (f)	マンダリン	mandarin

mango (m)	マンゴー	·	mangō
mantequilla (f)	バター		batā
manzana (f)	リンゴ		ringo
margarina (f)	マーガリン		māgarin
marinado (adj)	酢漬けの		suzuke no
mariscos (m pl)	魚介		gyokai
matamoscas (m)	ベニテングタケ ［紅天狗茸］		benitengu take
mayonesa (f)	マヨネーズ		mayonēzu
melón (m)	メロン		meron
melocotón (m)	モモ ［桃］		momo
mermelada (f)	マーマレード		māmarēdo
miel (f)	蜂蜜		hachimitsu
miga (f)	くず		kuzu
mijo (m)	キビ ［黍］		kibi
mini tarta (f)	ケーキ		kēki
mondadientes (m)	つまようじ ［爪楊枝］		tsumayōji
mostaza (f)	マスタード		masutādo
nabo (m)	カブ		kabu
naranja (f)	オレンジ		orenji
nata (f) agria	サワークリーム		sawā kurīmu
nata (f) líquida	クリーム		kurīmu
nuez (f)	クルミ（胡桃）		kurumi
nuez (f) de coco	ココナッツ		koko nattsu
olivas, aceitunas (f pl)	オリーブ		orību
oronja (f) verde	タマゴテングタケ ［卵天狗茸］		tamagotengu take
ostra (f)	カキ ［牡蠣］		kaki
pan (m)	パン		pan
papaya (f)	パパイヤ		papaiya
paprika (f)	パプリカ		papurika
pasas (f pl)	レーズン		rēzun
pasteles (m pl)	菓子類		kashi rui
paté (m)	パテ		pate
patata (f)	ジャガイモ		jagaimo
pato (m)	ダック		dakku
pava (f)	七面鳥		shichimenchuō
pedazo (m)	一切れ		ichi kire
pepino (m)	きゅうり ［胡瓜］		kyūri
pera (f)	洋梨		yōnashi
perca (f)	ヨーロピアンパーチ		yōropian pāchi
perejil (m)	パセリ		paseri
pescado (m)	魚		sakana
piña (f)	パイナップル		painappuru
piel (f)	皮		kawa
pimienta (f) negra	黒コショウ		kuro koshō
pimienta (f) roja	赤唐辛子		aka tōgarashi
pimiento (m) dulce	コショウ		koshō
pistachos (m pl)	ピスタチオ		pisutachio
pizza (f)	ピザ		piza
platillo (m)	ソーサー		sōsā
plato (m)	料理		ryōri

plato (m)	皿	sara
pomelo (m)	グレープフルーツ	gurēbu furūtsu
porción (f)	一人前	ichi ninmae
postre (m)	デザート	dezāto
propina (f)	チップ	chippu
proteínas (f pl)	タンパク質 [蛋白質]	tanpaku shitsu
pudin (m)	プディング	pudingu
puré (m) de patatas	マッシュポテト	masshupoteto
queso (m)	チーズ	chīzu
rábano (m)	ハツカダイコン	hatsukadaikon
rábano (m) picante	セイヨウワサビ	seiyō wasabi
rúsula (f)	ベニタケ [紅茸]	beni take
rebozuelo (m)	アンズタケ [杏茸]	anzu take
receta (f)	レシピ	reshipi
refresco (m)	清涼飲料水	seiryōinryōsui
regusto (m)	後味	atoaji
relleno (m)	フィリング	firingu
remolacha (f)	テーブルビート	tēburu bīto
ron (m)	ラム酒	ramu shu
sésamo (m)	ゴマ [胡麻]	goma
sabor (m)	味	aji
sabroso (adj)	美味しい	oishī
sacacorchos (m)	コルク抜き	koruku nuki
sal (f)	塩	shio
salado (adj)	塩味の	shioaji no
salchichón (m)	ソーセージ	sōsēji
salchicha (f)	ソーセージ	sōsēji
salmón (m)	サケ [鮭]	sake
salmón (m) del Atlántico	タイセイヨウサケ [大西洋鮭]	taiseiyō sake
salsa (f)	ソース	sōsu
sandía (f)	スイカ	suika
sardina (f)	イワシ	iwashi
seco (adj)	干した	hoshi ta
seta (f)	キノコ [茸]	kinoko
seta (f) comestible	食用キノコ	shokuyō kinoko
seta (f) venenosa	毒キノコ	doku kinoko
seta calabaza (f)	ヤマドリタケ	yamadori take
siluro (m)	ナマズ	namazu
sin alcohol	ノンアルコールの	non arukŌru no
sin gas	無炭酸の	mu tansan no
sopa (f)	スープ	sūpu
soya (f)	ダイズ [大豆]	daizu
té (m)	茶	cha
té (m) negro	紅茶	kō cha
té (m) verde	緑茶	ryoku cha
tallarines (m pl)	麺	men
tarta (f)	ケーキ	kēki
tarta (f)	パイ	pai
taza (f)	カップ	kappu
tenedor (m)	フォーク	fōku
tiburón (m)	サメ [鮫]	same

tomate (m)	トマト	tomato
tortilla (f) francesa	オムレツ	omuretsu
trigo (m)	コムギ ［小麦］	komugi
trucha (f)	マス ［鱒］	masu
uva (f)	ブドウ ［葡萄］	budō
vaso (m)	ガラスのコップ	garasu no koppu
vegetariano (adj)	ベジタリアン用の	bejitarian yōno
vegetariano (m)	ベジタリアン	bejitarian
verduras (f pl)	青物	aomono
vermú (m)	ベルモット	berumotto
vinagre (m)	酢、ビネガー	su, binegā
vino (m)	ワイン	wain
vino (m) blanco	白ワイン	shiro wain
vino (m) tinto	赤ワイン	aka wain
vitamina (f)	ビタミン	bitamin
vodka (m)	ウォッカ	wokka
whisky (m)	ウイスキー	uisukī
yema (f)	卵の黄身	tamago no kimi
yogur (m)	ヨーグルト	yōguruto
zanahoria (f)	ニンジン ［人参］	ninjin
zarzamoras (f pl)	ブラックベリー	burakku berī
zumo (m) de naranja	オレンジジュース	orenji jūsu
zumo (m) fresco	搾りたてのジュース	shibori tate no jūsu
zumo (m), jugo (m)	ジュース	jūsu

Japonés-Español glosario gastronómico

アーモンド	āmondo	almendra (f)
アーティチョーク	ātichōku	alcachofa (f)
オオムギ［大麦］	ōmugi	cebada (f)
大さじ［大匙］	ōsaji	cuchara (f) de sopa
オーツムギ［オーツ麦］	ōtsu mugi	avena (f)
アボカド	abokado	aguacate (m)
揚げた	age ta	frito (adj)
アイスクリーム	aisukurīmu	helado (m)
味	aji	sabor (m)
赤唐辛子	aka tōgarashi	pimienta (f) roja
赤ワイン	aka wain	vino (m) tinto
アカエノキンチャ ヤマイグチ	akaenokincha yamaiguchi	boleto (m) castaño
甘い	amai	azucarado, dulce (adj)
アミガサタケ［網笠茸］	amigasa take	colmenilla (f)
アニス	anisu	anís (m)
アンズ［杏子］	anzu	albaricoque (m)
アンズタケ［杏茸］	anzu take	rebozuelo (m)
青物	aomono	verduras (f pl)
アペリティフ	aperitifu	aperitivo (m)
アルコール	arukōru	bebidas (f pl) alcohólicas
アスパラガス	asuparagasu	espárrago (m)
後味	atoaji	regusto (m)
熱い	atsui	caliente (adj)
バーテンダー	bātendā	barman (m)
ベーコン	bēkon	beicon (m)
ビーフステーキ	bīfusutēki	bistec (m)
ビール	bīru	cerveza (f)
バジル	bajiru	albahaca (f)
バナナ	banana	banana (f)
バター	batā	mantequilla (f)
バタークリーム	batā kurīmu	crema (f) de mantequilla
ベジタリアン	bejitarian	vegetariano (m)
ベジタリアン用の	bejitarian yōno	vegetariano (adj)
ベニタケ［紅茸］	beni take	rúsula (f)
ベニテングタケ ［紅天狗茸］	benitengu take	matamoscas (m)
ベリー	berī	baya (f)
ベリー	berī	bayas (f pl)
ベルモット	berumotto	vermú (m)
ビルベリー	biruberī	arándano (m)
ビタミン	bitamin	vitamina (f)
ブドウ［葡萄］	budō	uva (f)
ブイヨン	buiyon	caldo (m)

ブリーム	burīmu	brema (f)
ブラックベリー	burakku berī	zarzamoras (f pl)
ブラックコーヒー	burakku kōhī	café (m) solo
ブロッコリー	burokkorī	brócoli (m)
豚肉	buta niku	carne (f) de cerdo
チーズ	chīzu	queso (m)
調味料	chōmiryō	condimento (m)
朝食	chōshoku	desayuno (m)
チョウザメ	chōzame	esturión (m)
チューインガム	chūin gamu	chicle (m)
昼食	chūshoku	almuerzo (m)
茶	cha	té (m)
茶さじ	cha saji	cucharilla (f)
チップ	chippu	propina (f)
チョコレート	chokorēto	chocolate (m)
チョコレートの	chokorēto no	de chocolate (adj)
デーツ	dētsu	dátil (m)
どうぞお召し上がり下さい！	dōzo o meshiagarikudasai!	¡Que aproveche!
ダイエット	daietto	dieta (f)
ダイズ［大豆］	daizu	soya (f)
ダック	dakku	pato (m)
デザート	dezāto	postre (m)
ディル	diru	eneldo (m)
毒キノコ	doku kinoko	seta (f) venenosa
エビ	ebi	camarón (m)
獲物	emono	caza (f) menor
エンドウ	endō	guisante (m)
フォーク	fōku	tenedor (m)
フィリング	firingu	relleno (m)
フサスグリ	fusa suguri	grosella (f) roja
ガチョウ	gachō	ganso (m)
ガモン	gamon	jamón (m) fresco
ガラスのコップ	garasu no koppu	vaso (m)
ゴマ［胡麻］	goma	sésamo (m)
グレープフルーツ	gurēbu furūtsu	pomelo (m)
牛肉	gyū niku	carne (f) de vaca
魚介	gyokai	mariscos (m pl)
ヘーゼルナッツ	hēzeru nattsu	avellana (f)
ホウレンソウ	hōrensō	espinaca (f)
蜂蜜	hachimitsu	miel (f)
ハム	hamu	jamón (m)
ハンバーガー	hanbāgā	hamburguesa (f)
発泡性の	happō sei no	con gas
ハリバット	haribatto	fletán (m)
ハツカダイコン	hatsukadaikon	rábano (m)
挽肉	hikiniku	carne (f) picada
ひまわり油	himawari yu	aceite (m) de girasol
干した	hoshi ta	seco (adj)
一切れ	ichi kire	pedazo (m)
一人前	ichi ninmae	porción (f)
イチゴ（苺）	ichigo	fresa (f)

イチジク	ichijiku	higo (m)
イカ	ika	calamar (m)
インスタントコーヒー	insutanto kōhī	café (m) soluble
飲用水	inyō sui	agua (f) potable
伊勢エビ	ise ebi	langosta (f)
イワシ	iwashi	sardina (f)
ジュース	jūsu	zumo (m), jugo (m)
ジャガイモ	jagaimo	patata (f)
ジャム	jamu	confitura (f)
ジャム	jamu	confitura (f)
ジン	jin	ginebra (f)
ケーキ	kēki	mini tarta (f)
ケーキ	kēki	tarta (f)
紅茶	kō cha	té (m) negro
コーヒー	kōhī	café (m)
コーンフレーク	kōn furēku	copos (m pl) de maíz
氷	kōri	hielo (m)
氷入りの	kōri iri no	con hielo
子牛肉	kōshi niku	carne (f) de ternera
香辛料	kōshinryō	especia (f)
カボチャ	kabocha	calabaza (f)
カブ	kabu	nabo (m)
カキ [牡蠣]	kaki	ostra (f)
禾穀類	kakokurui	cereales (m pl)
カクテル	kakuteru	cóctel (m)
カニ [蟹]	kani	cangrejo (m) de mar
缶切り	kankiri	abrelatas (m)
缶詰	kanzume	conservas (f pl)
カップ	kappu	taza (f)
カプチーノ	kapuchīno	capuchino (m)
カレイ [鰈]	karei	lenguado (m)
カリフラワー	karifurawā	coliflor (f)
カロリー	karorī	caloría (f)
菓子類	kashi rui	pasteles (m pl)
花穂	kasui	espiga (f)
皮	kawa	piel (f)
カワカマス	kawakamasu	lucio (m)
キビ [黍]	kibi	mijo (m)
キノコ [茸]	kinoko	seta (f)
金時豆	kintoki mame	fréjol (m)
キウイ	kiui	kiwi (m)
子羊肉	kohitsuji niku	carne (f) de carnero
コイ [鯉]	koi	carpa (f)
コケモモ	kokemomo	arándano (m) rojo
ココナッツ	koko nattsu	nuez (f) de coco
穀物	kokumotsu	cereales (m pl) integrales
穀物	kokumotsu	grano (m)
米	kome	arroz (m)
コムギ [小麦]	komugi	trigo (m)
小麦粉	komugiko	harina (f)
コニャック	konyakku	coñac (m)
コリアンダー	koriandā	cilantro (m)

コルク抜き	koruku nuki	sacacorchos (m)
コショウ	koshō	pimiento (m) dulce
果物	kudamono	fruto (m)
果物	kudamono	frutos (m pl)
クッキー	kukkī	galletas (f pl)
薫製の	kunsei no	ahumado (adj)
クリーム	kurīmu	nata (f) líquida
クローブ	kurōbu	clavo (m)
クランベリー	kuranberī	arándano (m) agrio
黒ビール	kuro bīru	cerveza (f) negra
黒コショウ	kuro koshō	pimienta (f) negra
クロスグリ	kuro suguri	grosella (f) negra
クルミ（胡桃）	kurumi	nuez (f)
くず	kuzu	miga (f)
きゅうり［胡瓜］	kyūri	pepino (m)
キャベツ	kyabetsu	col (f)
キャビア	kyabia	caviar (m)
キャンディー	kyandī	caramelo (m)
キャラウェイ	kyarawei	comino (m)
マーガリン	māgarin	margarina (f)
マーマレード	māmarēdo	mermelada (f)
マグロ［鮪］	maguro	atún (m)
豆類	mamerui	habas (f pl)
マンダリン	mandarin	mandarina (f)
マンゴー	mangō	mango (m)
マッシュポテト	masshupoteto	puré (m) de patatas
マス［鱒］	masu	trucha (f)
マスタード	masutādo	mostaza (f)
マヨネーズ	mayonēzu	mayonesa (f)
目玉焼き	medamayaki	huevos (m pl) fritos
メキャベツ	mekyabetsu	col (f) de Bruselas
麺	men	tallarines (m pl)
メニュー	menyū	carta (f), menú (m)
メロン	meron	melón (m)
ミネラルウォーター	mineraru wōtā	agua (f) mineral
ミルク入りコーヒー	miruku iri kōhī	café (m) con leche
ミルクセーキ	miruku sēki	batido (m)
水	mizu	agua (f)
モモ［桃］	momo	melocotón (m)
無炭酸の	mu tansan no	sin gas
ナイフ	naifu	cuchillo (m)
ナマズ	namazu	siluro (m)
ナス	nasu	berenjena (f)
煮た	ni ta	cocido en agua (adj)
苦い	nigai	amargo (adj)
肉	niku	carne (f)
ニンジン［人参］	ninjin	zanahoria (f)
ニンニク	ninniku	ajo (m)
ニシン	nishin	arenque (m)
鶏	niwatori	gallina (f)
ノイチゴ［野いちご］	noichigo	fresa (f) silvestre
ノンアルコールの	non arukŌru no	sin alcohol

乳、ミルク	nyū, miruku	leche (f)
美味しい	oishī	sabroso (adj)
お勘定	okanjō	cuenta (f)
オムレツ	omuretsu	tortilla (f) francesa
オリーブ	orību	olivas, aceitunas (f pl)
オリーブ油	orību yu	aceite (m) de oliva
オレンジ	orenji	naranja (f)
オレンジジュース	orenji jūsu	zumo (m) de naranja
ピーナッツ	pīnattsu	cacahuete (m)
パブ、バー	pabu, bā	bar (m)
パイ	pai	tarta (f)
パイナップル	painappuru	piña (f)
パン	pan	pan (m)
パパイヤ	papaiya	papaya (f)
パプリカ	papurika	paprika (f)
パセリ	paseri	perejil (m)
パスタ	pasuta	macarrones (m pl)
パテ	pate	paté (m)
ピスタチオ	pisutachio	pistachos (m pl)
ピザ	piza	pizza (f)
ポリッジ	porijji	gachas (f pl)
プディング	pudingu	pudin (m)
プラム	puramu	ciruela (f)
レーズン	rēzun	pasas (f pl)
ローリエ	rōrie	hoja (f) de laurel
ライムギ［ライ麦］	raimugi	centeno (m)
ライトビール	raito bīru	cerveza (f) rubia
ラム酒	ramu shu	ron (m)
ラズベリー（木苺）	razuberī	frambuesa (f)
レバー	rebā	hígado (m)
冷凍の	reitō no	congelado (adj)
レモン	remon	limón (m)
レモネード	remonēdo	limonada (f)
練乳	rennyū	leche (f) condensada
レンズマメ［レンズ豆］	renzu mame	lenteja (f)
レシピ	reshipi	receta (f)
レタス	retasu	lechuga (f)
リキュール	rikyūru	licor (m)
リンゴ	ringo	manzana (f)
料理	ryōri	plato (m)
料理	ryōri	cocina (f)
緑茶	ryoku cha	té (m) verde
ソーサー	sōsā	platillo (m)
ソーセージ	sōsēji	salchichón (m)
ソーセージ	sōsēji	salchicha (f)
ソース	sōsu	salsa (f)
スープ	sūpu	sopa (f)
サバ［鯖］	saba	caballa (f)
サフラン	safuran	azafrán (m)
魚	sakana	pescado (m)
サケ［鮭］	sake	salmón (m)
サメ［鮫］	same	tiburón (m)

サンドイッチ	sandoicchi	bocadillo (m)
皿	sara	plato (m)
サラダ	sarada	ensalada (f)
砂糖	satō	azúcar (m)
サワー チェリー	sawā cherī	guinda (f)
サワークリーム	sawā kurīmu	nata (f) agria
清涼飲料水	seiryōinryōsui	refresco (m)
セイヨウスグリ	seiyō suguri	grosella (f) espinosa
セイヨウワサビ	seiyō wasabi	rábano (m) picante
栓抜き	sen nuki	abrebotellas (m)
セロリ	serori	apio (m)
生姜、ジンジャー	shōga, jinjā	jengibre (m)
シャンパン	shanpan	champaña (f)
脂肪	shibō	grasas (f pl)
搾りたてのジュース	shibori tate no jūsu	zumo (m) fresco
七面鳥	shichimenchuō	pava (f)
シナモン	shinamon	canela (f)
塩	shio	sal (f)
塩味の	shioaji no	salado (adj)
白ワイン	shiro wain	vino (m) blanco
植物油	shokubutsu yu	aceite (m) vegetal
食用キノコ	shokuyō kinoko	seta (f) comestible
食欲	shokuyoku	apetito (m)
ソバ［蕎麦］	soba	alforfón (m)
スイート チェリー	suīto cherī	cereza (f)
酢、ビネガー	su, binegā	vinagre (m)
スイカ	suika	sandía (f)
スプーン	supūn	cuchara (f)
スパゲッティ	supagetti	espagueti (m)
スライス	suraisu	loncha (f)
酢漬けの	suzuke no	marinado (adj)
テーブルビート	tēburu bīto	remolacha (f)
トウモロコシ	tōmorokoshi	maíz (m)
トウモロコシ	tōmorokoshi	maíz (m)
食べ物	tabemono	comida (f)
タイセイヨウサケ［大西洋鮭］	taiseiyō sake	salmón (m) del Atlántico
卵	tamago	huevo (m)
卵	tamago	huevos (m pl)
卵の黄身	tamago no kimi	yema (f)
卵の白身	tamago no shiromi	clara (f)
タマゴテングタケ［卵天狗茸］	tamagotengu take	oronja (f) verde
たまねぎ［玉葱］	tamanegi	cebolla (f)
タン	tan	lengua (f)
タンパク質［蛋白質］	tanpaku shitsu	proteínas (f pl)
炭酸飲料	tansan inryō	bebida (f) sin alcohol
炭酸の	tansan no	gaseoso (adj)
炭水化物	tansuikabutsu	carbohidratos (m pl)
タラ［鱈］	tara	bacalao (m)
トマト	tomato	tomate (m)
トマトジュース	tomato jūsu	jugo (m) de tomate

付け合わせ	tsukeawase	guarnición (f)
つまようじ ［爪楊枝］	tsumayōji	mondadientes (m)
冷たい	tsumetai	frío (adj)
ウイスキー	uisukī	whisky (m)
ウナギ ［鰻］	unagi	anguila (f)
兎肉	usagi niku	conejo (m)
ウェートレス	wētoresu	camarera (f)
ワッフル	waffuru	gofre (m)
ワイン	wain	vino (m)
ワイングラス	wain gurasu	copa (f) de vino
ワインリスト	wain risuto	carta (f) de vinos
ウェイター	weitā	camarero (m)
ウォッカ	wokka	vodka (m)
ヨーグルト	yōguruto	yogur (m)
洋梨	yōnashi	pera (f)
ヨーロピアンパーチ	yōropian pāchi	perca (f)
夕食	yūshoku	cena (f)
ヤマドリタケ	yamadori take	seta calabaza (f)
ヤマイグチ	yamaiguchi	boleto (m) áspero
野菜	yasai	legumbres (f pl)
ザクロ	zakuro	granada (f)
ザンダー	zandā	lucioperca (f)
前菜	zensai	entremés (m)
ズッキーニ	zukkīni	calabacín (m)